HISTOIRE

DE

LOUIS-PHILIPPE

PAR

EDGAR ZEVORT

Professeur d'histoire au lycée Henri IV

PARIS

LIBRAIRIE GERMER BAILLIERE ET Cie

108, BOULEVARD SAINT-GERMAIN, 108

Au coin de la rue Hautefeuille

HISTOIRE

DE

LOUIS-PHILIPPE

PAR

EDGAR ZÉVORT

Professeur d'histoire au lycée Henri IV

PARIS

LIBRAIRIE GERMER BAILLIÈRE ET Cie

108, BOULEVARD SAINT-GERMAIN, 108

Au coin de la rue Hautefeuille

—

HISTOIRE

DE

LOUIS-PHILIPPE

CHAPITRE PREMIER

LE DUC D'ORLÉANS. — CHUTE DE CHARLES X. —
LA CHARTE CORRIGÉE.

Né le 6 octobre 1773, à Paris, Louis-Philippe reçut
à son berceau le titre de duc de Valois, en 1785 celui de duc de Chartres, et en 1793, à la mort de Phi-
lippe-Égalité, il prit celui de duc d'Orléans. Le jeune
prince ne dut presque rien à ses parents : son père,
sans principes, sans moralité, n'obéissait qu'à ses
passions ; sa mère, très vertueuse, fut à peine en con-
tact avec lui. Abandonné à son institutrice, Mme de
Genlis, l'enfant reçut d'elle une éducation simple, forte
et pratique, des connaissances étendues, un goût
éclairé pour les arts. Colonel des dragons de Chartres
à douze ans, lieutenant général à dix-neuf, le jeune
officier adopta avec un enthousiasme sincère les
principes de 1789, applaudit à la chute de la Bastille, se montra fréquemment dans les tribunes de la

Constituante, remplit même les fonctions d'appari-
teur et de censeur aux Jacobins, et présida par in-
térim les *Amis de la constitution* de Vendôme, lors-
qu'il tint garnison dans cette ville. Au début de la
guerre de 1792, il commandait la place de Valen-
ciennes ; il se, fit remarquer comme volontaire à
Quiévrain, contribua, sous Kellermann, à la victoire
de Valmy, sous Dumouriez à celle de Jemmapes, fit
en 1793 la première campagne de Hollande, bombarda Vanloo, Maestricht, et prit part à la bataille de
Nerwinde. S'il passa à l'ennemi avec Dumouriez, il
refusa de commander une division dans l'armée du
duc de Saxe-Cobourg, resta étranger aux intrigues de
Coblentz et de Worms et fut toujours odieux aux
émigrés, à cause de son père et de ses propres ex-
ploits dans les armées républicaines. Réfugié en Suisse
avec sa sœur Adélaïde, le duc de Chartres est réduit à
vivre de la vente de ses chevaux ; il prend le nom de
Corby, sous lequel il ne peut se soustraire à la persé-
cution, place sa sœur dans un couvent, d'où elle
passe en Hongrie, et finit par entrer au collége de
Reichenau comme professeur de géographie, de ma-
thématiques et de langues, aux appointements de
1400 francs par an. Il y passa huit mois, dont il aimait
à évoquer le souvenir, et continua d'entretenir des
relations avec Narbonne et Montesquiou, comme lui
réfugiés en Suisse. En 1795, Mme de Flahaut lui fournit les moyens et l'occasion de passer en Amérique. Il
devait s'embarquer à Hambourg ; mais, bien accueilli

dans cette ville, il retarde son départ ; il visite en observateur et en géographe le Danemark, la Suède, la Norvége et pousse ses excursions jusqu'en Laponie. Le Directoire lui ayant fait espérer que son éloignement mettrait un terme à la captivité de sa famille, il se décide enfin à s'embarquer ; dans le Nouveau-monde, il suit les rives du Saint-Laurent, il parcourt les États de l'Union baignés par l'Océan. Il revint en Angleterre, en 1799, et vécut ignoré à Twickenham, près Londres. Sa mère Adélaïde de Bourbon Penthièvre, petite-fille du comte de Toulouse, à force d'instances et de prières, obtint de Louis XVIII qu'il le reçût à Mittau, lui rendit le titre de prince français et le fît participer à la pension que le czar payait aux Bourbons. Malgré ce rapprochement, les relations restèrent froides entre les Bourbons et le duc de Chartres, compromis par les intrigues de Dumouriez. Cependant, après la mort de ses deux frères Montpensier et Beaujolais, le duc, admis dans l'intimité de Ferdinand IV, à Palerme, donna des gages sérieux aux princes. Il offrait de se mettre à la tête d'un soulèvement des îles Ioniennes contre la France ou d'aller combattre Napoléon en Espagne : le 25 novembre 1809, on lui accorda la main de Marie-Amélie de Bourbon. Avant ce mariage, il avait été appelé par la junte insurectionnelle de Séville pour repousser l'invasion française : il réclama la régence et fut éconduit à Séville comme à Tarragone, soit à cause de ses prétentions ambitieuses, soit par suite des menées du cabinet anglais. En 1814 il quitta la Sicile, vint à Paris, et sacnant que sa candidature au trône avait été agitée dans les conseils des souverains, il prodigua les protestations de fidélité à Louis XVIII. Rétabli dans les biens immenses de sa famille, dans tous ses titres honorifiques, il fut naturellement amené à se rapprocher des constitutionnels et de Lafayette. Envoyé à Lyon, puis investi d'un commandement dans le Nord au retour de l'île d'Elbe, il s'en déchargea sur Mortier et passa les Cent jours en Angleterre, évitant soigneusement de se montrer à Gand. Sa candidature au trône, appuyée par Fouché, par Talleyrand, et proposée par le Czar en plein congrès de Vienne, ne fut écartée que par l'opposition de lord Clancarty. Après la seconde Restauration, il prononça à la Chambre des pairs, dans la discussion de l'adresse, un discours qui le fit éloigner de France et retourna à Twickenham où il resta deux ans. De 1817 à 1830, il fut le point de ralliement de l'opposition, il vit sa fortune augmentée par la générosité de Charles X, et, tout en risquant sa popularité dans des procès d'intérêt personnel, tout en accablant le roi de ses assiduités, de ses prévenances obséquieuses, il donna des gages nombreux au parti libéral, fit élever ses fils à Henri IV, protégea les écrivains compromis par leur patriotisme, s'attacha même les bonapartistes par son admiration expansive pour les hommes de l'empire.

Telle fut, de 1775 à 1850, la carrière du prince habile, souple, sceptique, qui allait échanger le titre de duc d'Orléans contre celui de roi des Français. Il arrivait au pouvoir à l'âge de cinquante-sept ans, avec une longue expérience, une connaissance approfondie de l'Europe, une vie privée sans tache et au dire de ses familiers, Laffitte, Ganneron, Dupont de l'Eure, Béranger, un libéralisme non joué, fortifié par les épreuves, entretenu par la haine de la branche aînée, de tradition dans sa famille.

Le 29 juillet 1830, la population parisienne s'empare du Louvre et des Tuileries; le drapeau tricolore, proscrit depuis quatorze ans flotte sur le dôme du palais, le duc de Raguse ramène à Saint-Cloud ses régiments exténués. L'Hôtel de ville, évacué par les troupes royales dans la nuit précédente, fut occupé à trois heures par le général Lafayette et devint le quartier général de l'insurrection. Un des signataires de la protestation des journalistes, Baude, rédacteur du *Temps* et agent de Casimir Périer, remplace le préfet de la Seine, qui a quitté son poste. D'accord avec deux anciens officiers supérieurs, le généra-Dubourg et le colonel Zimmer, il annonce au peuple la constitution d'un gouvernement provisoire de trois membres : Lafayette, Gérard et de Choiseul. Un certain nombre de députés, réunis à midi chez Laffitte, avaient conféré au général Lafayette le commandement de la garde nationale, au général Gérard celui des troupes et nommé une *commission municipale* ainsi composée : Audry de Puyraveau, Gérard, Laffitte, comte Lobau, Mauguin, Odier, Casimir Périer et de Schonen.

A Saint-Cloud, Charles X en apprenant, vers cinq heures, la prise des Tuileries, retira les ordonnances et chargea de Mortemart, son ambassadeur à Saint-Pétersbourg, de la constitution d'un nouveau cabinet. Le grand référendaire de la Chambre des pairs, de Sémonville, qui lui avait arraché cette concession, quitta Saint-Cloud avec d'Argout et de Vitrolles et courut à Paris. Il fut introduit à huit heures devant la commission municipale.

« Il est trop tard ! s'écria de Schonen, en réponse à la communication de Sémonville, Charles X a glissé dans le sang, il y est tombé, qu'il y reste. » De Schonen était un partisan déclaré du duc d'Orléans. Malgré l'échec de cette mission officieuse, le 30 juillet, de Mortemart entrait dans Paris hérissé de barricades gardées par plus de 100.000 hommes. Partout des affiches énergiques affirmaient la souveraineté du peuple, réclamaient une Constitution et n'accordaient à la Commission municipale que le droit de consulter la France ; quelques-unes, plus rares, sans se prononcer sur la forme du gouvernement, demandaient l'exclusion formelle des Bourbons ; les plus nombreuses étaient ainsi conçues :

« Charles X ne peut plus rentrer dans Paris ; il a « fait couler le sang du peuple !

« La république nous exposerait à d'affreuses divi-« sions ; elle nous brouillerait avec l'Europe.

« Le duc d'Orléans est un prince dévoué à la cause « de la révolution.

« Le duc d'Orléans ne s'est jamais battu contre nous.

« Le duc d'Orléans était à Jemmapes.

« Le duc d'Orléans est un roi-citoyen.

« Le duc d'Orléans a porté au feu les couleurs tri-
« colores ; le duc d'Orléans peut seul les porter en-
« core.

« Nous n'en voulons pas d'autres.

« Le duc d'Orléans ne se prononce pas ; **il** attend
« notre vœu, et il acceptera la Charte, comme nous
« l'avons toujours voulue et entendue. C'est du peu-
« ple français qu'il tiendra la couronne. »

Ce manifeste avait été rédigé, chez Laffitte, par
Thiers, Mignet et Larreguy, rédacteur du *Journal du
Commerce.*

La majorité des députés pensait comme eux : elle
inclinait à un simple changement de dynastie ; réunie
au palais Bourbon, en séance secrète, sous la présidence de Laffitte, elle chargea Augustin Périer, le général Sébastiani, Guizot, Benjamin Delessert et Hyde
de Neuville, de se réunir à cinq commissaires nommés
par les pairs. Les députés rencontrèrent au Luxembourg un grand nombre de pairs, y compris de Mortemart, discutèrent courtoisement sur les moyens d'assurer la liberté et la paix et revinrent au palais Bourbon déclarer que la nomination du duc d'Orléans en
qualité de lieutenant général du royaume était la
meilleure solution : elle fut adoptée à l'unanimité
moins trois abstentions. Sébastiani, Benjamin Delessert, Mathieu Dumas, Dugas-Montbel, Augustin Périer

et Auguste Saint-Aignan reçurent mission de se rendre au Palais-Royal.

A la même heure Lafayette, à l'Hôtel de ville, écon-
duisait de Sussy l'envoyé des royalistes et les délégués républicains venus pour lui déclarer que la
désignation d'un chef serait intempestive et coupable.
La tentative napoléonienne du commandant Dumoulin
en faveur du duc de Reichstadt n'eut pas plus de
succès. Tout conspirait en faveur du duc d'Orléans.
Dans la soirée du 28 il avait quitté Neuilly pour se
renfermer au Raincy. Thiers, chargé de lui faire connaître la décision de la Chambre, fut reçu à Neuilly
par la duchesse d'Orléans et Madame Adélaïde : il
leur exposa qu'il s'agissait de remplacer Charles X
par Louis-Philippe. Le duc d'Orléans averti par Montesquiou, revient à Neuilly et se dirige sur Paris,
en habit bourgeois, en chapeau rond, le ruban tricolore à la boutonnière. Arrivé au Palais-Royal à onze
heures du soir, il fait mander de Mortemart et pro-
teste qu'il se fera mettre en pièces plutôt que de se
laisser poser la couronne sur la tête. Le lendemain
Dupin rédige, sous sa dictée, l'acte d'acceptation de la
lieutenance générale, et quelques heures après, les
députés accourus au Palais-Royal reçoivent communication de la proclamation suivante :

« Habitants de Paris,

« Les députés de la France, en ce moment réunis
« à Paris, ont exprimé le désir que je me rendisse

« dans cette capitale pour y exercer les fonctions de
« lieutenant général du royaume.

« Je n'ai pas balancé à venir partager vos dangers,
« à me placer au milieu de votre héroïque population
« et à faire tous mes efforts pour vous préserver de
« la guerre civile et de l'anarchie. En rentrant dans
« la ville de Paris, je portais avec orgueil ces cou-
« leurs glorieuses que vous avez reprises et que j'a-
« vais moi-même longtemps portées.

« Les Chambres vont se réunir; elles aviseront au
« moyen d'assurer le règne des lois et le maintien
« des droits de la nation.

« Une charte sera désormais une vérité. »

La commission de la Chambre des députés répondit
à cette proclamation par une adresse au peuple annonçant l'élection de Louis-Philippe comme roi des Français et déclarant que la Charte sera une vérité ; le duc
d'Orléans se rend à l'Hôtel de ville, elle l'y accom-
pagne.

Moins engagée dans les intrigues orléanistes, la
commission municipale était défiante, inquiète et armée ; Lafayette était une puissance sans laquelle on
ne pouvait rien. Le vieux général aimait la république,
il sentait l'occasion favorable pour la proclamer, mais
il comprenait que la France y était peu préparée :
personne n'y avait songé, en dehors des sociétés secrètes. Circonvenu par Odilon Barrot, par Rémusat,
par Georges Lafayette, éloigné de ses amis politiques,

il accepta la monarchie constitutionnelle, espérant qu'elle conduirait sûrement à la république et malgré ses préférences pour une constitution purement américaine. « Un trône populaire, au nom de la souveraineté nationale, entouré d'institutions républicaïnes », tel était son idéal.

En arrivant sur la place de l'Hôtel-de-Ville, aux cris de : « Vive la nation ! vive la liberté ! vive la république, » le duc d'Orléans eut un mot heureux : « Messieurs, dit-il, c'est un garde national qui vient rendre visite à son ancien général, M. de Lafayette. » Dans la grande salle où sont réunis la Commission municipale et un certain nombre de députés, perdus dans une foule nombreuse, l'accueil est hésitant; sur la place retentissent les cris de : « Vive la république ! » dominés par ceux de : « A bas les Bourbons ! » Ils ne cessent que lorsque le duc, conduit par Lafayette, se présente à une fenêtre, tenant en main le drapeau tricolore. Après son départ, Lafayette, assailli de réclamations, s'engage à porter au Palais-Royal un programme des garanties à exiger du lieutenant général. Il fut reçu avec empressement, et, à la suite d'une conversation prolongée, il se retira en se déclarant satisfait *des professions du prince*, et en particulier de la promesse d'établir un trône populaire entouré d'institutions *tout à fait républicaïnes*. De part et d'autre, on se maintint dans le vague de ces déclarations; quant au programme il n'en fut pas question. Dans une entrevue, provoquée par Thiers, avec les chefs du parti

républicain, Bastide, Godefroy Cavaignac, Guinard,
Thomas et quelques autres combattants de juillet,
Louis-Philippe se montra à peine plus explicite : il se
prononça contre les traités de 1815, contre l'hérédité
de la pairie, contre la convocation des assemblées primaires, contre le clergé et les légitimistes et surtout
contre la branche aînée. Bastide, en quittant le Palais-Royal, résuma la situation d'un mot : « Le duc est
un des 221, et rien de plus. » Son libéralisme ne devait jamais aller plus loin que celui des 221.

Dès le premier jour il réagissait prudemment mais
fermement contre les patriotes qui avaient fait la révolution, croyant renverser un trône pour fonder
une république. Ce fut là le vice originel du gouvernement de Louis-Philippe. C'est là ce qui explique
et sa lutte continuelle pour l'existence et sa chute
lamentable. La royauté de 1830 n'était pas la meilleure des républiques, et Lafayette lui-même le re-
connaîtra avant de mourir. Les 221, malgré leur
courageuse adresse, n'avaient pas qualité pour engager la France : leur prétendue souveraineté fut mise
au-dessus de la souveraineté du pays ; on se crut tout
permis parce qu'on avait la majorité légale ; on esca-
mota la victoire du peuple de Paris pour la tourner
au profit d'une classe. La république, soumise au suffrage populaire, en 1830, n'eut probablement pas réuni une majorité : Duchâtel et bien d'autres le pensaient, puisqu'ils conseillaient un appel à la nation.
On hésita, on recula devant cette nécessité. On laissa

aux libéraux le droit de parler d'attentat et d'usurpation ; au peuple, l'espoir d'une revanche.

La première ordonnance du lieutenant général rétablit le drapeau tricolore, la seconde constitua un ministère provisoire : Dupont de l'Eure à la justice, Gérard à la guerre, Louis aux finances, Guizot à l'intérieur, de Broglie à l'instruction publique, le maréchal Jourdan aux affaires étrangères. Girod de l'Ain fut fait préfet de police et Lafayette commandant général de toutes les gardes nationales de France. Il dirigea à ce titre l'expédition de Rambouillet destinée à éloigner de Paris les combattants de Juillet et à obtenir le départ de Charles X. Le vieux roi avait abdiqué et fait abdiquer son fils, le duc d'Angoulême, en faveur du duc de Bordeaux. A la nouvelle que 15 000 Parisiens, sous le commandement du général Pajol, s'approchaient de Rambouillet, il prit le chemin de l'exil (2 août) ; quant à l'abdication, elle ne servit qu'à hâter l'avènement de Louis-Philippe. Des bruits perfides, d'habiles calomnies furent répandus, sur la légitimité du duc de Bordeaux, sur l'assassinat du duc de Berry, sur les mœurs de la duchesse d'Angoulême et de la duchesse de Berry ; on fit même le siège de Chateaubriand : le grand écrivain, malgré ses griefs contre la branche aînée, refusa de capituler.

L'ouverture des Chambres eut lieu le 3 août, à la date fixée par Charles X. Louis-Philippe renouvela les assurances de fidélité à la Charte, affirma la nécessité de la paix, de la liberté, et termina en annonçant qu'il avait reçu l'acte d'abdication de Charles X et du Dauphin.

Le 5 août les deux Chambres étaient constituées : Pasquier avait été nommé président de la Chambre des pairs, par ordonnance ; Casimir Périer, placé en tête de la liste des candidats dressée par la Chambre des députés, fut choisi par le lieutenant général.

Casimir Périer se fit remplacer au fauteuil par Laffitte et la Chambre s'occupa immédiatement de constituer un pouvoir national. Les doctrinaires de Broglie, Guizot, Royer-Collard, étaient décidés à conserver la Charte dans son intégralité, sauf à y introduire les modifications indispensables : pleins des souvenirs de la révolution de 1688, ils voulaient que l'on considérât Louis-Philippe comme le successeur naturel de Charles X. Un député obscur, Bérard, déjoua leurs plans en proposant de déférer la couronne au duc d'Orléans et de reviser la Charte. Dans le ministère, Dupont de l'Eure, appuya la proposition en haine de « la faction aristocratico-doctrinaire ». Ses collègues, forcés de l'accueillir, en changèrent le caractère : d'une déclaration de principes libéraux ils firent un acte constitutionnel définitif. Le troisième paragraphe du préambule était ainsi conçu : « La Chambre des députés déclare que » le trône est vacant et qu'il est indispensablement » besoin d'y pourvoir ; déclare que dans l'intérêt uni- » versel et pressant du peuple français, elle appelle

» au trône Son Altesse Royale Louis-Philippe d'Or-
» léans, duc d'Orléans, lieutenant général du royaume
» et ses descendants à perpétuité. ».

Les changements à la Charte réclamés par la proposition, surtout ceux qui étaient relatifs au cens
électoral et au cens d'éligibilité, furent trouvés ex-
cessifs par les doctrinaires, attaqués comme insuffisants par les libéraux.

Dès le lendemain, Dupin présentait son rapport sur
la proposition : une émeute de 12 à 1500 personnes,
facilement réprimée par Lafayette, en hâta l'adoption. Le 7 août, dans une séance du matin, la discussion générale s'ouvrit; après l'adoption du préambule que nous avons cité, les modifications suivantes furent successivement votées; l'article 6, qui
reconnaissait une religion de l'État, fut supprimé;
le paragraphe de l'article 14 qui avait permis les ordonnances de Charles X fut aboli ; les séances de la
Chambre des pairs furent rendues publiques; l'initiative des lois fut accordée aux trois pouvoirs ; le
recours aux tribunaux extraordinaires fut interdit.
La discussion relative à l'hérédité de la pairie fut
ajournée, la magistrature fut maintenue sans nouvelle investiture. Des lois séparées devaient régler
dans le plus court délai : l'attribution au jury des
délits de presse et des délits politiques; la responsabilité des ministres et des agents du pouvoir ; la ré-
élection des députés promus à des fonctions publiques; le vote annuel du contingent de l'armée;

l'organisation de la garde nationale, des institutions municipales et départementales électives, de l'instruction publique et de la liberté d'enseignement, et enfin l'abolition du double vote.

La proposition Bérard est adoptée par 219 voix, sur 252 votants. Demarçay et de Corcelle demandent que ce vote soit soumis à la ratification populaire ; leur proposition est rejetée et les députés, courant au Palais-Royal, entourent Louis-Philippe aux cris de « vive le roi ». L'enthousiasme gagne la place couverte de monde : le monarque se présente au balcon et répète avec la foule les refrains de la *Marseillaise*.

La Chambre des pairs, malgré une éloquente protestation de Chateaubriand, adopta dans toutes ses parties la proposition Bérard. A dix heures et demie du soir, le président Pasquier apportait son adhésion au Palais-Royal : la révolution légale était accomplie, il ne manquait à la nouvelle légitimité que la sanction d'un vote populaire.

Le 8 août, le conseil des ministres décide contre les doctrinaires que le roi prendra le titre de Louis-Philippe Ier et non pas celui de Louis-Philippe VII. « Ce n'est pas *parce que* Bourbon, c'est *quoique* Bourbon qu'il arrive au trône, dit Dupin, et à la charge de ne pas ressembler à ses aînés. »

Le 9 août eut lieu au Palais-Bourbon la prestation du serment royal : « En présence de Dieu, dit Louis-» Philippe, je jure d'observer fidèlement la Charte » constitutionnelle avec les modifications exprimées

» dans la déclaration, de ne gouverner que par les
» lois et selon les lois, de faire rendre bonne et
» exacte justice à chacun selon son droit et d'agir en
» toutes choses dans la seule vue de l'intérêt, du
» bonheur et de la gloire du peuple français. »

Le roi revint au Palais-Royal au milieu de vives
acclamations. La révolution n'éprouva nulle part de
résistance sérieuse; le midi et l'ouest de la France
acceptèrent les faits accomplis. En Algérie le maréchal de Bourmont résigna ses pouvoirs aux mains du
maréchal Clausel (2 septembre)

CHAPITRE II

LE PREMIER CABINET DE LOUIS-PHILIPPE.

Le 11 août, le *Moniteur* avait annoncé la constitution du ministère : Dupont de l'Eure (justice), général Gérard (guerre), de Broglie (instruction publique et cultes), Guizot (intérieur), le baron Louis (finances), le comte Molé (affaires étrangères), le général Sebastiani (marine), Laffitte, Casimir Périer, Bignon et Dupin aîné ministres sans portefeuille, formaient le premier cabinet de Louis-Philippe. Dupont de l'Eure et Laffitte y représentaient à peu près seuls le parti de l'Hôtel de ville que l'on allait bientôt appeler le parti du mouvement. Ils ne voyaient dans la royauté que l'instrument des réformes démocratiques, la modératrice du progrès. Leurs collègues, au contraire, partisans de la résistance comme Louis-Philippe, estimaient que la révolution de 1830 avait porté tous ses fruits ; ils ne songeaient plus qu'à l'enrayer.

On accorda pourtant quelques satisfactions aux héros de Juillet : le Panthéon fut rendu à sa première destination, les condamnations politiques furent anmulées, des récompenses furent accordées aux blessés, aux veuves et aux orphelins des combattants.

Avant de compléter la Chambre des députés, réduite à 357 membres par les refus de serment, on aborda la question du double vote : la discussion fut très animée, malgré les efforts des ministres ; Mauguin contesta les pouvoirs de la Chambre et affirma qu'elle avait épuisé son mandat. La loi présentée par le cabinet n'en fut pas moins votée sans modification.

Quelques jours après le roi avait son « sacre de Reims », dans la revue des 60 000 gardes nationaux qu'il passait au Champ-de-Mars et qui l'accueillaient avec enthousiasme.

La mort du prince de Condé, l'inaction des ouvriers sans travail, le procès des ministres et le mauvais vouloir de quelques puissances, furent les premières difficultés auxquelles se heurta le nouveau pouvoir.

Après la mort tragique et mystérieuse du prince de Condé (27 août), Louis-Philippe eut le tort d'accepter sa succession, malgré les graves indices qui pesaient sur Mme de Feuchères ; en enrichissant sa famille il déconsidérait sa dynastie.

La révolution de juillet avait rendu fort critique la position des ouvriers, qui réclamaient une réduction des heures de travail, des augmentations de salaire et l'expulsion de Paris des ouvriers étrangers. Pour calmer cette irritation les Chambres votèrent 5 millions pour les travaux publics et 30 millions

pour le commerce, palliatifs insuffisants. On ne soupçonnait pas encore la gravité de la crise industrielle
et commerciale.

Le procès des ministres provoquait une émotion
bien plus redoutable. De Chantelauze, de Peyronnet,
de Polignac et Guernon-Ranville avaient été enfermés
à Vincennes ; de Montbel, d'Haussez et Capelle avaient
réussi à quitter la France.

L'attitude des puissances étrangères n'était pas non
plus sans inspirer quelques inquiétudes. Pour se faire
accepter, Louis-Philippe avait dû faire déclarer par
ses agents diplomatiques qu'il considérait la révolution comme un malheur, qu'il n'avait pris le pouvoir
que pour affermir la sécurité de la France et de
l'Europe. Ces assurances furent accueillies différem-
ment par les cours étrangères. Wellington, poussé
par l'opinion, annonça l'intention de reconnaître officiellement le nouveau gouvernement. Aussi favorables à Vienne et à Berlin, les dispositions le furent
beaucoup moins à Saint-Pétersbourg, malgré l'hu-
milité du langage tenu par le roi dans sa lettre au
Czar. Nicolas répondit le 18 septembre seulement,
sans donner à Louis-Philippe la qualification de
frère, ce qui impliquait un refus de reconnaissance.
Ferdinand VII publia sous forme de Mémoire une
protestation injurieuse pour le nouveau roi. Seul le
duc de Modène, refusa formellement son adhésion.
L'attitude du gouvernement à l'extérieur ne lui avait
pas valu les sympathies de l'étranger, elle lui aliéna

celles de la nation qui avait voulu voir dans les événement de 1830 une revanche de 1815. Armand Carrel passa dans l'opposition. La nomination de Talleyrand comme ambassadeur à Londres fut le prétexte
de cette rupture. Pourtant, ce choix, qui proclamait
les intentions pacifiques de Louis-Philippe, était sage,
habile et de nature à prévenir une coalition qui n'eût
pas été sans danger.

Les craintes ou les réserves des souverains étaient
légitimes : les journées de Juillet avaient eu leur con-
trecoup en Allemagne, en Italie, et aux portes mêmes
de la France à Bruxelles. La Belgique, violemment unie
à la Hollande depuis 1815, attendait impatiemment le
moment de secouer le joug. Le 25 août le mouvement
commence par des chants patriotiques à la représentation de la *Muette*. Le 26 l'hôtel du ministre de la
justice Van Mannen est saccagé et la bourgeoisie formée
en garde nationale, dirige le mouvement populaire.
Le 27 elle arbore le drapeau brabançon ; une Régence
s'organise et négocie avec le gouvernement hollandais ; ces négociations se prolongent pendant un mois
sans résultat.

Même fermentation dans plusieurs États de l'Allemagne.

En France l'agitation était entretenue par les royalistes naturellement hostiles au nouvel ordre de
choses et les patriotes mécontents des résultats de la
révolution. C'est pour répondre aux plaintes de ces
derniers que Guizot communiqua aux chambres, le

13 septembre, un rapport sur la situation du pays ; 65 officiers généraux et 39 colonels avaient été remplacés, sans parler des changements introduits dans les grades inférieurs ; 60 préfectures sur 86, 196 sous-préfectures sur 277 et presque toutes les mairies avaient été confiées à des fonctionnaires nouveaux ; dans les parquets 254 procureurs du roi ou substituts avaient été changés. Malheureusement l'inamovibilité empêcha la destitution des magistrats qui n'avaient refusé aucun service au gouvernement déchu ; le clergé, aussi compromis que la magistrature, resta secrètement hostile au pouvoir nouveau.

Le rapport de M. Guizot n'ayant pas produit l'effet attendu, le ministère engagea la lutte contre la Société des *Amis du Peuple* et fit condamner son président Hubert à trois mois de prison et 300 francs d'amende. La Société continua ses réunions malgré la décision du tribunal et les journaux républicains, *la Tribune*, *la Révolution de* 1830, *le Patriote*, *le Tribun du Peuple*, défendirent ardemment la cause des *Amis du Peuple* et celle de la liberté d'association.

Le 4 octobre la Chambre s'ajourna au 10 novembre, après avoir rendu au jury la connaissance des crimes et délits politiques et des délits de presse, adopté une loi favorable à l'importation des grains, modifié la législation sur les boissons et voté à l'unanimité une adresse au roi, ayant pour objet apparent la suppression de la peine de mort et pour but réel le sa-

lut et peut-être l'impunité des ministres de Charles X.
L'opinion ne s'y trompa point : les provocations des
carlistes, les lenteurs de la procédure achevèrent de
l'exaspérer ; le 18 octobre des rassemblements sil-
lonnent Paris avec un drapeau sur lequel on peut lire
« mort aux ministres », et se dirigent sur Vincennes.
Le château défendu par Daumesnil était en état
de résister à une cohue de quinze cents personnes :
l'énergique attitude du brave général fit rebrousser
chemin à la foule ; elle revint à Paris où elle fut dis-
persée par la garde nationale et la ligne. Le lendemain une proclamation du préfet de la Seine Odilon
Barrot blâmait l'adresse de la Chambre et assurait que
la justice suivrait son cours. Guizot critiqua cette
proclamation et demanda la destitution du préfet de
la Seine. Odilon Barrot ne fut maintenu à son poste
que par l'appui de Dupont de l'Eure et l'opposition
s'accentua dans le sein du conseil entre le parti de la
résistance et le parti du mouvement, entre les doctrinaires et ceux qui voulaient tirer toutes les conséquences de la révolution de Juillet. Louis-Philippe,
tout en se disant républicain, tout en fredonnant la
Marseillaise, était pour Guizot, de Broglie et Molé,
contre Dupont de l'Eure et Lafayette.

Le maintien d'Odilon Barrot et les élections qui
eurent lieu à cette époque (entre autres celle de
Thiers à Aix) entraînèrent la chute des doctrinaires :
Guizot, de Broglie, Molé, Louis et Casimir Périer se
retirèrent. Laffitte reconstitua le cabinet avec le ma-

réchal Maison aux affaires étrangères, de Montalivet
à l'intérieur, Merilhou à l'instruction publique, le
maréchal Gérard à la guerre, Sébastiani à la marine.
Laffitte garda la présidence du conseil et le portefeuille des finances. Quelques jours après Soult remplaçait Gérard à la guerre; Sébastiani recevait les
affaires étrangères et d'Argout la marine.

Le nouveau cabinet n'avait qu'une voie à suivre,
pour reconquérir les sympathies de la nation : adopter
une base électorale plus large et s'appuyer sur une nouvelle Chambre plus populaire. Il manqua de fermeté
et voulut gouverner avec une Chambre défiante, inquiète et acquise aux doctrinaires ; il manqua de
clairvoyance et crut à l'appui du roi qui regrettait ses
anciens ministres.

Le 11 novembre, Casimir Périer fut élu président
de la Chambre à l'exclusion de Girod de l'Ain, candidat du Ministère. Une loi sur les délits de presse fut
adoptée, le colportage et l'affichage des écrits furent
soumis à l'autorisation préalable ; une proposition de
Benjamin Constant, réclamant la liberté pour la profession d'imprimeur fut repoussée. Douloureusement
affecté par cet insuccès, Benjamin Constant, qui souf-
-frait depuis longtemps, succomba quelques jours
après. Sa mort fut un deuil public : on lui fit des funérailles solennelles (12 décembre).

Deux jours avant cette cérémonie les ministres
détenus à Vincennes avaient été transférés au Luxembourg. Le 15 décembre les débats s'ouvrirent de-

vant la Chambre des pairs. Trois commissaires de la Chambre, Persil, Bérenger et Madier de Montjau, soutenaient l'accusation; de Martignac, Hennequin, Sauzet et Crémieux assistaient les accusés. Ceux-ci, sauf de Chantelauze, montrèrent peu de franchise et cherchèrent à se soustraire à la responsabilité des ordonnances. Le 21 décembre à dix heures du soir, de Polignac fut condamné à une prison perpétuelle et à la mort civile, de Peyronnet, de Guernon Ranville et de Chantelauze à la prison perpétuelle. Durant le procès la garde nationale avait difficilement résisté aux violences de la foule ameutée. Le 22 au matin, les cris « mort aux ministres » retentissent partout; on pouvait tout redouter : de sages paroles d'Odilon Barrot aux délégués des ouvriers et des étudiants et surtout l'intervention de Lafayette, calment cette effervescence et rétablissent l'ordre sans effusion de sang.

La Chambre vota des remerciements à la garde nationale, aux élèves de l'École polytechnique et à ceux des Écoles de droit et de médecine. Mais elle manifesta une défiance croissante contre Lafayette, le « Polignac populaire, le maire du palais », et dans la loi sur l'organisation de la garde nationale elle introduisit un article qui allait à la suppression du commandement général des gardes nationales de France. Lafayette remit dès le lendemain sa démission au roi. Lobau le remplaça à la tête de la garde nationale de Paris. La retraite de Dupont de l'Eure suivit la démission de

Lafayette. Il fut remplacé par Mérilhou, qui laissa son portefeuille à Barthe. Rendu à la liberté parlementaire, Dupont de l'Eure vota contre le projet de loi du 15 décembre, qui fixait la liste civile à 18 millions et accordait au roi la jouissance des biens composant le domaine de la couronne. On reprochait déjà à Louis-Philippe d'avoir dès le 7 août, contrairement aux usages monarchiques, placé 1 500 000 francs de rente sur la tête de ses enfants.

La Chambre, sur une interpellation du général Lamarque, porta ensuite son attention sur la situation extérieure. Lamarque s'élevait énergiquement contre les traités de 1815. Il voulait que l'on déclarât Anvers port libre, que l'on acceptât les offres de la Belgique, que l'on reportât au Rhin les frontières de la France et que l'on secourût la Pologne qui venait de secouer le joug russe. Le ministère répondit en proclamant le principe de non-intervention. L'année 1850 s'acheva dans la discussion et le vote définitif de la loi qui organisait la garde nationale. Tous les citoyens devaient faire partie de cette milice et nommer leurs officiers.

En 1831 on vota une loi sur la composition du jury et des cours d'assises, on étendit les dispositions prohibitives de la traite des nègres, et le 29 janvier on commença la discussion de la loi municipale. Le cens, variant suivant les localités, la profession d'avocat ou de médecin, conféraient le droit électoral ; les maires et les adjoints étaient choisis par le pouvoir exécutif. A la demande d'Odilon Barrot, on admit au nombre des capacités les membres des sociétés savantes et les docteurs des Facultés de droit, des sciences et des lettres, après trois années de domicile.

Pendant la discussion de cette loi, les légitimistes provoquèrent des troubles à Paris. Le 14 février, ils célébrèrent un service funèbre à Saint-Germain-l'Auxerrois pour l'anniversaire de la mort du duc de Berry. Le service terminé, un jeune homme, en uniforme de garde nationale, attache au cénotaphe l'image du duc de Bordeaux et la surmonte d'une couronne d'immortelles.

« C'est notre roi! » crient les femmes. Des murmures et des sifflet accueillent cette démonstration ; les groupes amassés autour de l'église font entendre des cris de colère, la garde nationale opère plusieurs arrestations pendant que le presbytère de Saint-Germain-l'Auxerrois, puis l'église elle-même sont dévastés par la foule aux cris : « à bas les carlistes ! »

Les mêmes scènes se renouvellent le lendemain 15 février : l'archevêché est saccagé; la maison de l'archevêque, à Conflans, a le même sort ; à Paris les maires font abattre, dans toutes les églises de leur arrondissement, les croix fleurdelysées; quelques légitimistes influents comme M. de Vitrolles sont arrêtés ; l'archevêque, Mgr de Quélen, prend la fuite.

La majorité rendit responsables de ces désordres le ministre de l'intérieur de Montalivet, le préfet de la

Seine Odilon Barrot et le préfet de police Baude ;
ces deux derniers furent remplacés par le comte de
Bondy et Vivien.

La Chambre n'avait plus, avant de se séparer, qu'à
voter une loi d'élection. Le rapporteur du projet Bérenger proposait de fixer à 240 francs le cens électoral et à 740 francs le cens d'éligibilité ; le projet ministériel, un peu moins étroit, portait le nombre des
électeurs à 200 000 et formait le corps électoral, en
nombre égal dans chaque département, des citoyens
les plus imposés.

Lafayette se prononça pour l'abaissement du cens
électoral à 200 francs et du cens d'éligibilité à 500 ;
ces chiffres furent adoptés. On fixa à vingt-cinq ans
l'âge où l'on serait électeur, on admit sur la liste électorale les membres et correspondants de l'Institut et
les officiers de terre et de mer jouissant d'une pension
de retraite de 1200 francs, si leur contribution annuelle s'élevait à 100 francs. Il devait y avoir, à raison d'un représentant par collége électoral et par arrondissement, 459 députés.

Déjà bien ébranlé, le ministère Laffitte fut renversé
sur une question de politique extérieure.

La Pologne avait imité la Belgique : le grand duc
Constantin avait été forcé de quitter Varsovie, le
30 novembre, à la tête de quelques soldats. Les Chambres polonaises avaient nommé dictateur le général
Chlopicki, un vieux soldat de Napoléon Ier, qui ne
croyait qu'à l'emploi de la force et qui réussit d'a-
bord à chasser les Russes.

La question belge était toujours pendante : une conférence formée des délégués de l'Autriche, de la Prusse, de l'Angleterre, de la France et de la Russie, se réunit à Londres et parvint à arrêter la lutte entre les Belges et les Hollandais. La Belgique inclinait à une étroite union avec la France ou à une royauté indépendante conférée à un fils de Louis-Philippe. Le congrès réuni à Bruxelles le 28 janvier proclama roi des Belges le duc de Nemours, à la majorité d'une voix sur 192 votants. La conférence de Londres s'opposa formellement à cette nomination et Louis-Philippe, pour éviter une guerre générale, refusa de la ratifier.

En Espagne, Louis-Philippe ne favorisa les bandes insurgées que dans la mesure nécessaire pour faire cesser le mauvais vouloir de Ferdinand VII.

En Italie il se posa en adversaire de l'Autriche, tout en proclamant le système de non-intervention.

L'insurrection de Parme, Bologne, Modène et Reggio, victorieuse des troupes pontificales, fut écrasée par les 100 000 hommes que l'Autriche avait concentrés en Lombardie. Laffitte était d'avis de répondre à cette agression par une déclaration de guerre ; son opinion ne prévalut pas. La majorité du conseil se rangea à l'opinion du général Sebastiani, qui renonçait à l'application en Italie du principe de non-intervention. Laffitte donna immédiatement sa démission : le ministère du 2 novembre avait vécu.

CHAPITRE III

Casimir Périer, que Louis-Philippe fit appeler après la retraite de Laffitte, était l'homme de la majorité de la Chambre. Sa fortune inspirait confiance aux intérêts matériels ; ses antécédents politiques ne détournaient pas de lui les partisans d'institutions libérales ; sa fermeté était un gage du maintien de l'ordre et de la stricte application du régime parlementaire. Il s'opposa à la présence constante de Louis-Philippe aux délibérations du conseil, à sa participation à toutes les affaires. Malheureusement Casimir Périer s'abusait, comme Louis-Philippe lui-même, sur la situation faite au gouvernement par la révolution de Juillet. « Le » malheur de ce pays, disait-il à Odilon Barrot, est » qu'il y a beaucoup d'hommes qui, comme vous, » s'imaginent qu'il y a eu une révolution en France. » Non, Monsieur, il n'y a pas eu de révolution ; il n'y » a qu'un simple changement dans la personne du » chef de l'État.

— « Et moi je vous affirme, monsieur Casimir Pé- » rier, qu'il y a un malheur bien plus réel que celui-

» là : c'est que vous et vos amis vous pensiez qu'il
» n'y a pas eu de révolution, car je crains bien qu'a-
» lors il n'y en ait deux au lieu d'une. »

Casimir Périer prit, avec la présidence du conseil,
le portefeuille de l'intérieur; ses collègues furent : Sebastiani aux affaires étrangères, le baron Louis aux
finances, Barthe à la justice, Montalivet à l'instruction
publique et aux cultes, le comte d'Argout au commerce et aux travaux publics, le vice-amiral de Rigny
à la marine, Soult à la guerre. La composition de ce
cabinet annonçait à la fois une rupture avec les
hommes de Juillet et un gouvernement conservateur,
pacifique et strictement parlementaire. Hardi, agressif, querelleur, toutes ces qualités d'un opposant,
Casimir Périer allait les porter au pouvoir, aux applaudissements des conservateurs.

Dès le 18 mars il expose son programme : plus
d'expérience constitutionnelle à tenter; il ne reste qu'à
maintenir l'ordre, à faire exécuter les lois et respecter les pouvoirs; à l'extérieur maintien de la paix
tant que la sûreté et l'honneur de la France ne seront
pas en péril.

Dans sa première circulaire aux préfets (20 mars),
le président du conseil s'éleva contre une association
bonapartiste qui avait pris naissance à Metz : l'*Association nationale*, et frappa de destitution tous les
fonctionnaires publics qui faisaient partie de cette
société. Lafayette défendit les fonctionnaires frappés:
Casimir Périer riposta en attaquant personnellement

le général et en parlant du programme de l'Hôtel de
ville que le roi, disait-il, n'avait jamais juré. « Quel
autre programme, s'écria-t-il, avons-nous en France
que la Charte? »

En avril fut votée une loi sur les attroupements
qui aggravait les pénalités antérieures. Le 15 eut lieu
la dernière session de la Chambre élue en 1830. Sa
clôture coïncida avec un procès retentissant, le premier de ces innombrables débats qui devaient signaler
le règne de Louis-Philippe et furent plus funestes
au Gouvernement qui les ordonna qu'aux accusés qui
les subirent.

On accusait les Écoles, la *Société des amis du peuple* et l'artillerie de la garde nationale de complot
contre la sûreté de l'État. Dix-neuf prévenus furent
cités devant la Cour d'assises et parmi eux Godefroy
Cavaignac, Guinard, Ulysse Trélat, Théophile Sambuc.
D'illustres avocats, Bethmont, Marie, Ploque, Michel
de Bourges, donnèrent un vif éclat à la défense et démontrèrent facilement la futilité de l'accusation : accusés et défenseurs levèrent pour la première fois le
drapeau de la république. Le 15 avril, le procès se
termina par un acquittement. Dès lors, l'abîme était
creusé entre le gouvernement de Louis-Philippe et
les combattants de Juillet; par contre-coup, l'opposition dynastique, privée de l'appui de tous ceux qui se
rattachaient à la république, perdait toute force et
tout prestige.

En même temps que le parti républicain recrutait

ZEVORT. — XLVIII. 3

des adhérents, les idées de réforme religieuse gagnaient du terrain : les *Saint-Simoniens*, sous la direction d'Enfantin, le Père suprême, prêchaient publiquement leurs doctrines ; les *Fourriéristes* croissaient en nombre, et l'abbé Chatel organisait son *Église française.*

Après la remise des croix de Juillet réglée par ordonnance royale du 15 mai, et prétexte à divisions nouvelles, les uns prêtant le serment au roi prescrit par l'ordonnance, les autres le refusant, Louis-Philippe fit un voyage en Normandie et dans l'Est pour agir sur les électeurs, avant le renouvellement de la Chambre. Quelques conseils municipaux, des commandants de garde nationale profitèrent de l'occasion pour faire connaître au roi leurs vœux sur la suppression de la pairie, sur l'intervention en faveur de la Pologne : Louis-Philippe refusa de les entendre.

Les collèges électoraux étaient convoqués pour le 5 juillet. La lutte s'établit entre le parti de l'Hôtel de ville et celui du 13 mars ; les légitimistes et les républicains s'abstinrent généralement.

Les membres de l'ancienne chambre furent renommés en masse, mais à d'infimes majorités; Lherbette, Pagès de l'Ariège, Garnier-Pagès, Duvergier de Hauranne, Bugeaud, Fonfrède, Arago, Teste, Bertrand, Gauthier de Rumilly, figuraient parmi les nouveaux élus.

Six jours après les élections, le contre-amiral Roussin entrait dans les eaux du Tage avec son escadre et imposait à don Miguel la réparation des torts causés à nos nationaux.

Le 14 juillet, jour choisi par les sociétés des *Amis du Peuple* et de l'*Égalité*, pour la plantation d'arbres de la liberté, les places de Grève, de la Bastille et de la Concorde furent le théâtre de rixes graves : les rassemblements furent dispersés aux cris de : « Vive l'ordre et le travail, à bas les agitateurs! »

Le *National* et la *Tribune*, poursuivis pour avoir blâmé le rôle de la police dans cette journée, furent acquittés. Armand Marrast fut moins heureux dans le procès en diffamation qui lui fut intenté par le ministère : il fut condamné à six mois de prison, 3000 francs d'amende et 25 francs de dommages-intérêts. Il avait accusé Casimir Périer et Soult d'avoir reçu 2 millions de pot-de-vin dans un marché de fusils et de drap.

Le 23 juillet, la session s'ouvrit par un discours du roi, que Casimir Périer avait entièrement rédigé. Après la célébration solennelle des trois journées de Juillet la Chambre constitua son bureau. Girod de l'Ain, candidat du ministère, fut élu président au second tour par 181 suffrages contre 176, Dupont de l'Eure et Bérenger, vice-présidents, par 182 et 179.

Casimir Périer crut que ces votes commandaient sa démission : il la porta sur-le-champ à Louis-Philippe. De graves événements le maintinrent au pouvoir : le roi de Hollande avait repris les armes contre les Belges, qui sollicitaient le secours de la France.

C'est dans ces circonstances que fut discutée l'adresse en réponse au discours de la couronne. On remarqua que Thiers, désertant les rangs de la gauche pour passer dans le camp du 13 mars, fit bon marché de la Pologne qu'il disait destinée à périr, que Guizot fut plus violent que jamais contre les républicains; la discussion se termina par la formation d'une solide majorité sur laquelle Casimir Périer allait pouvoir s'appuyer avec confiance. Pendant cette discussion, la Chambre des pairs confirmait un arrêt de la cour royale, rendu contre un de ses membres, le comte de Montalembert, qui préludait alors avec Lacordaire et leur maître à tous deux, l'abbé de Lamennais, à leurs violentes attaques contre l'Université, à leur croisade en faveur de la liberté d'enseignement.

Le gouvernement français avait répondu à l'appel de Léopold; le maréchal Gérard se dirigea sur la Belgique à la tête de cinquante mille hommes; le général Chassé occupait la citadelle d'Anvers; le prince d'Orange était maître de Diest; une armée belge de douze mille hommes commandée par Léopold avait été battue à Louvain; Bruxelles allait succomber. L'intervention française et la présence d'une flotte anglaise aux Dunes forcèrent Guillaume-Frédéric à rappeler ses troupes. A cette nouvelle, l'armée française évacua la Belgique : elle n'avait pas tiré un coup de fusil.

La solution de la question polonaise était aussi prochaine; après l'échec de Diebitsch à Ostrolenka,

les Russes reçoivent des renforts, repassent le Bug, re-
prennent Ostrolenka à la suite d'un combat meurtrier.
Dembinski, le successeur de Sktzynecki, essaye vainement de combattre l'anarchie et d'organiser la résistance à Varsovie ; Krukoviecki, qui le remplace, écoute
les propositions perfides de Paskievitch qui ne cherche
qu'à rendre plus formidables ses moyens d'attaque.
Le 6 septembre il donne l'assaut avec cent vingt
mille hommes ; après deux jours de lutte il est maître
de la ville. Les débris de l'armée polonaise se retirèrent sous les murs de Plock. Un mois après, toute
la Pologne était retombée sous le joug. L'Angleterre
et la France offrirent un refuge aux débris de la
nationalité polonaise. La France surtout les accueillit
avec enthousiasme : elle protesta tout entière contre
les paroles malheureuses de Sébastiani : « l'ordre règne
à Varsovie ; » mais elle comprit vite l'impossibilité
d'une intervention en faveur des vaincus. Sur cette
question comme sur la question belge, le ministère
obtint sans difficulté un vote de confiance.

Se défiant de toute innovation, voulant par-dessus
tout l'ordre dans la rue, la bourgeoisie riche, qui con-
stituait la majorité de la Chambre, n'était guère plus
sympathique à l'aristocratie qu'à la démocratie révolutionnaire : elle le prouva dans la discussion de la
loi qui organisait la pairie. Le nombre des pairs devait être illimité ; seul le roi pouvait les désigner ; la
pairie cessait d'être héréditaire. Inutilement défendue par Thiers, par Guizot, par Royer-Collard, par

Berryer, la cause de l'hérédité était perdue d'avance, malgré les sympathies mal dissimulées du ministère et du roi : 334 voix contre 26 la condamnèrent. La couronne dut choisir les pairs dans des catégories déterminées, en particulier parmi les hauts fonctionnaires de l'État et les propriétaires chefs de manufactures, de maisons de commerce ou de banque payant 5000 francs de contributions directes. Après ce vote le gouvernement nomma trente-six pairs nouveaux, et la haute assemblée ainsi modifiée sanctionna le projet de la Chambre des députés : treize pairs seulement protestèrent par leur démission.

Le 15 novembre fut adoptée, malgré une éloquente protestation de Martignac, une proposition tendant au bannissement perpétuel des Bourbons, dont l'effet immédiat fut de surexciter les passions royalistes dans l'Ouest et dans le Midi. Des bandes armées parcoururent ces régions ; des rixes eurent lieu à Nîmes, à Toulouse, à Marseille. Ces désordres furent facilement réprimés : ceux de Lyon étaient autrement graves.

Lyon doit son importance et sa richesse à sa situation, au nombre de ses habitants et surtout à son industrie, qui occupe plus de quatre-vingt mille ouvriers et ouvrières. Après le retour des Bourbons la fabrique lyonnaise avait fait d'immenses affaires avec l'Amérique et l'Angleterre ; à partir de 1825 elle eut à lutter contre la concurrence de la Suisse, de l'Italie et de l'Angleterre · les salaires tombèrent de

5 et 4 francs à 3 fr. 50 et à 3 francs. Pour arrêter cette baisse, les ouvriers fondèrent en 1828 l'*Association des mutuellistes* ; les fabricants, de leur côté, constituèrent l'*Union des fabricants* : dès lors l'antagonisme existait. La révolution de 1830 ayant accéléré la baisse, les mutuellistes réclamèrent un tarif. C'est alors, en octobre 1831, qu'une nouvelle loi fiscale, dite loi de quotité et qui frappait surtout les ouvriers, fut promulguée, et qu'un certain nombre de fabricants, poussés par d'Argout et Casimir Périer, refusent de se soumettre au tarif promulgué avec l'assentiment de la Chambre de commerce, des trois maires de Lyon, du préfet et d'un grand nombre de fabricants. Le général Ordonneau passe en revue dix mille gardes nationaux (20 novembre) : les ouvriers considèrent cette cérémonie comme une provocation. Le 21 novembre, quatre mille ouvriers descendent de la Croix-Rousse : à leur tête flotte un drapeau sur lequel on lit ces mots : *Vivre en travaillant ou mourir en combattant.* A midi ils sont en présence de quatre ou cinq cents gardes nationaux : les fusils éclatent, le sang coule, la guerre civile commence. La Croix-Rousse se lève, des barricades se dressent, des bataillons entiers de la garde nationale passent à l'insurrection, la ligne échoue sur tous les points. Le préfet, Bouvier-Dumolard et le général Ordonneau montent à la Croix-Rousse pour faire entendre des paroles de conciliation : ils sont retenus comme otages, mais remis en liberté le soir même.

Le général Roguet se fait transporter à l'Hôtel de Ville, rassemble douze cents gardes nationaux, une compagnie de dragons et les dirige sur la place des Bernardines qui est reprise à l'insurrection après un vif engagement. La journée la plus sanglante fut celle du 22 : les gardes nationaux isolés sont désarmés et massacrés ; les pavillons d'octroi, les corps de garde sont livrés aux flammes, la caserne du Bon-Pasteur est enlevée, puis celle des Carmes-Déchaussés, les rues, les places, les quais sont dépavés. Un décoré de Juillet, Michel-Ange Périer, marche sur l'Hôtel de Ville : il est atteint d'un coup de feu ; ceux qui le suivent sont dispersés, mais l'armée et les autorités sont cernés dans l'Hôtel de Ville, sur la place des Terreaux, et, la nuit venue, le général Roguet ordonne la retraite. Ses troupes n'atteignent Montessuy qu'à travers les coups de fusil et les projectiles qui pleuvent de chaque maison du faubourg. Maîtres de toute la ville, les ouvriers nomment une Commission provisoire qui recommande aux vainqueurs le respect des personnes et des propriétés ; divisés d'opinions politiques, les membres de cette Commission ne songent pas un instant à proclamer la république ou telle autre forme de gouvernement : le préfet est laissé en fonction à l'Hôtel de Ville, le conseil municipal a toute liberté de se réunir et de voter les fonds nécessaires pour parer aux premiers besoins. Cette situation dura huit jours. Le gouvernement avait concentré trente-six mille hommes à Trévoux. Le duc d'Orléans et le maréchal

Soult en prennent le commandement : les ouvriers les accueillent avec faveur ; ils pénètrent dans la grande cité, le 3 décembre à midi, sans rencontrer la moindre résistance. La garde nationale est désarmée et dissoute; le préfet partisan de la conciliation, est destitué; le tarif est annulé ; puis on accorde des secours aux ouvriers sans travail, on traite assez doucement ceux qui avaient pris les armes. Mais la question des salaires restait pendante : pour n'avoir pas voulu consentir à l'établissement d'un tarif librement débattu, le gouvernement se préparait à lui-même de nouveaux embarras, à la ville pacifiée de plus cruelles épreuves ; en industrie comme en politique la liberté est encore la meilleure des solutions.

L'année 1831, qui se terminait paisiblement après une crise redoutable, fut encore signalée par le vote de quelques lois utiles : on introduisit dans le Code les circonstances atténuantes, premier coup porté à la peine de mort; la mutilation des parricides fut supprimée, une proposition de M. de Schonen en faveur du divorce, accueillie par les députés, fut repoussée par les pairs.

Au début de l'année 1832 le public apprit avec étonnement la découverte du complot dit des *Tours Notre-Dame :* on ne sut ni quel était le but de ce complot, ni à quel parti on devait l'attribuer, et l'on accusa avec assez de vraisemblance le préfet de police Gisquet de n'avoir rien fait pour en empêcher l'explosion.

L'opinion apporta un intérêt plus passionné à la discussion qui s'ouvrait alors sur la liste civile. On reprochait déjà à Louis-Philippe d'avoir fait passer tout son domaine privé sur la tête de ses enfants : de Cormenin publia contre les prétentions du roi des lettres spirituelles et méchantes qui furent lues avidement. Casimir Périer agit prudemment en laissant aux députés eux-mêmes le soin de fixer le chiffre de la liste civile; le rapporteur, M. de Schonen, proposait 15 millions; Dupont de l'Eure 6 ; M. de Montalivet, qui trouvait le chiffre de la commission insuffisant, eut le tort de se servir dans son discours de l'expression de « sujets du roi », qui motiva une énergique protestation de cent soixante-cinq députés de la gauche; Casimir Périer soutint sans enthousiasme le chiffre de 14 millions et la Chambre s'arrêta à celui de 12. La minorité contre l'ensemble du projet fut de 107 voix.

Après ce vote, la Chambre abrogea la loi dite du 21 janvier, et pour la première fois depuis la révolution, elle renonça au système des douzièmes provisoires et put étudier sérieusement le budget. Les traitements de la magistrature, du clergé et de la diplomatie furent réduits; on diminua les frais de représentation des officiers généraux : en résumé, le budget des dépenses pour l'exercice 1852 s'élevait à 1 106 720 francs.

Moins d'un mois après le complot des *Tours Notre-Dame*, la police découvrait celui de la rue des Prouvaires ; cette tentative moins innocente que la précédente, était l'œuvre des légitimistes. Elle fut reprimée sans autre accident que la mort d'un sergent de ville, tué d'un coup de pistolet. Après les légitimistes, les républicains eurent leur tour : leurs journaux étaient poursuivis avec un véritable acharnement, les membres de la société des *Amis du Peuple* étaient déférés à la justice ; Raspail, Gervais, Trélat, Blanqui affirmaient avec fracas leurs sentiments républicains, faisaient audacieusement le procès du gouvernement, étaient acquittés par le jury et condamnés par la Cour pour délits commis à l'audience.

Les Autrichiens avaient envahi une seconde fois les Légations pour y soutenir les vengeances exercées par la soldatesque pontificale à Cesena, Forli, Bologne, Lago et Ravenne. A cette nouvelle, Casimir Périer, avec autant de décision que de promptitude, jette en Italie quinze cents hommes qui s'emparent d'Ancône sans coup férir et y plantent le drapeau français (23 février). L'Autriche déconcertée ratifia cette occupation, et le gouvernement pontifical en fit autant. C'était là un double succès militaire et diplomatique : l'opposition eut le tort de le contester et le gouvernement de l'amoindrir par des désaveux.

A l'intérieur, les luttes, les complots se renouvelaient chaque jour : la province avait ses désordres et ses troubles comme Lyon et Paris : A Grenoble la population soulevée tout entière contre le 15° et le 35° de ligne, qui avaient sévi trop rigoureusement contre une manifestation de carnaval, obtient le départ des deux régiments. Le 6ᵉ de ligne les remplace. Le président du conseil, mal renseigné, exige que le 35ᵉ rentre dans Grenoble comme dans une ville conquise : il fut forcé d'en repartir au bout de peu de temps; des duels presque quotidiens le décimaient.

Le 1ᵉʳ avril, c'est une émeute de chiffonniers qui éclate à Paris, parce qu'un arrangement conclu entre la municipalité et un sieur Jacob autorise ce dernier à un tour de roue à la tombée de la nuit pour enlever les ordures de la ville. Les loueurs de tombereaux, les boueurs, sont également lésés par le monopole attribué à Jacob : les tombereaux de cet entrepreneur sont détruits et livrés aux flammes malgré l'intervention de la police. L'émeute s'apaisa quand l'adjudicataire eut renoncé au tour de roue du soir. C'est à ce moment (22 mars) que le choléra faisait à Paris sa première victime et s'étendait rapidement, en dépit des précautions tardives de l'autorité : le lendemain de la Mi-Carême les victimes étaient innombrables et l'inévitable panique accélérait la marche du fléau ; on croyait à des empoisonnements, on massacrait rue Saint-Dominique un jeune homme soupçonné d'avoir jeté du poison dans les pots d'un marchand de vins, un autre dans le quartier des halles, un troisième sur la place de Grève, un dernier au poste de l'Hôtel de Ville. Une déplorable proclamation du préfet de police augmenta la créance aux empoisonnements. La foule en délire accusait l'autorité d'employer cet atroce moyen pour détourner les esprits de la politique. Dans cette crise, la famille royale, en butte à d'odieuses accusations, fut admirable de fermeté, de dévouement, de charité intrépide. Le duc d'Orléans parcourut les quartiers atteints, visita les hôpitaux, parlant aux malades, leur prodiguant les secours, les consolations, allant jusqu'à leur serrer la main. Les médecins de Paris, des femmes du monde, les sœurs de charité montrèrent le même dévouement, la même insouciance du danger.

Le 1er mai, le fléau était en décroissance. Il y avait eu à cette date près de 100 000 décès dont 21 331 pour le seul département de la Seine et 800 pour la seule journée du 9 avril. Les Chambres s'étaient hâtées de clore leurs travaux le 21 avril, après le vote d'une loi rigoureuse contre les réfugiés politiques.

Le 13 mars précédent, Carrel avait paru devant la Cour d'assises pour un remarquable article du *National* où il protestait contre la prison préventive en matière de presse et affirmait qu'il saurait résister à l'arbitraire, si la majesté de la loi était violée en sa personne. Carrel fut acquitté, et le ministère dut renoncer aux arrestations préventives.

La *Tribune* fut poursuivie après le *National*. Un de ses rédacteurs, Germain Sarrut, avait tracé une biographie malveillante du roi, à propos du procès intenté par les Rohan au duc d'Aumale, héritier du duc de Bourbon. Germain Sarrut fut condamné à six

mois de prison, à la suite d'un procès où la personne
du roi fut discutée avec passion.

Les légitimistes malgré leurs échecs réitérés depuis
1830, n'avaient pas plus renoncé que les républicains
à l'espoir d'une revanche. Depuis que Charles X avait
renouvelé à Lullworth son abdication de Rambouillet,
ils tournaient leurs regards vers le duc de Bordeaux,
dont la majorité tombait le 30 septembre 1833, et vers
sa mère, l'aventureuse duchesse de Berry, qui avait
fixé sa résidence à Bath, foyer des intrigues du parti.
Le 17 juin 1831, après avoir arraché le consentement
de Charles X à un débarquement en France, elle
quitta l'Angleterre, traversa l'Allemagne et se rendit
à Gênes puis à Massa. Elle fit des excursions fréquentes à Naples et à Rome, où Grégoire XVI lui re-
commanda un juif converti du nom de Deutz qu'elle
attacha à sa personne. Massa, possession du duc de
Modène, devint bientôt le centre d'une petite cour,
bruyante et légère ; c'est là que l'on institua le Gouvernement provisoire de Paris, composé de Pastoret,
Bellune, Chateaubriand et Kergolay ; c'est là que l'on
médita une nouvelle Charte et l'établissement d'une
Chambre des barons des États, là que l'on abolit les
droits réunis. Ces projets puérils n'étaient un secret
pour personne ; le gouvernement français en avait
connaissance et s'était contenté d'ordonner à ses
agents d'empêcher le débarquement de Madame. La
duchesse de Berry s'embarqua le 24 avril sur le *Carlo
Alberto*, débarqua à Marseille quatre jours après, at-

tendit quarante-huit heures dans une maison isolée
le mouvement légitimiste de Marseille, qui échoua
complètement, et le 2 mai se mit en route pour l'Ouest
par Nîmes, Montpellier, Narbonne, Carcassonne et Toulouse. Le 17 mai elle arriva à Montaigu. Le gouvernement la croyait encore sur le *Carlo Alberto*. Le 8 mai il
annonçait officiellement qu'elle allait être reconduite
par ses soins à Holyrood ; quelques jours après il apprenait qu'elle était en France. Quand le cabinet
éprouva cette déception, Casimir Périer, malade depuis quelques mois, n'était plus ministre de l'intérieur. Le 27 avril il avait laissé son portefeuille à
Montalivet ne se réservant que la présidence du conseil, et le 30 avril, Girod de l'Ain avait été nommé ministre de l'instruction publique. Le 16 mai on apprenait sans étonnement la mort du premier ministre :
Louis-Philippe, dominé par lui, le regretta peu ; partisan décidé du régime parlementaire, il se souvenait
parfois de son passé libéral, il reculait devant les mesures répressives. On célébra ses funérailles avec une
splendeur extraordinaire, et Royer-Collard prononça
sur sa tombe des paroles dignes de ce grand mort.
« Casimir Périer, dit-il, avait reçu de la nature la
plus éclatante des supériorités et la moins contestée,
un caractère énergique jusqu'à l'héroïsme, avec un
esprit doué de ces instincts merveilleux qui sont
comme la partie divine de l'art de gouverner. D'orateur
de la liberté constitutionnelle, devenu homme d'État
et chef du cabinet dans une révolution qu'il n'avait

point appelée, sa probité généreuse et la justesse de son esprit lui firent comprendre que, si l'ordre est la dette de tout gouvernement, c'est surtout la dette d'un gouvernement nouveau. »

CHAPITRE IV

LE SYSTÈME DU 13 MARS. (DE LA MORT DE CASIMIR PÉRIER AUX ÉLECTIONS DE 1834.)

Le gouvernement déclarant après la mort de Casimir Périer que son système restait en vigueur, l'opposition se réunit le 20 mai chez Laffitte et sous forme d'un *Compte rendu* à leurs commettants, les députés rédigèrent une protestation contre ce système qui éloignait chaque jour davantage le gouvernement de la révolution, qui avait par ses violences organisé la résistance sur tous les points du territoire, qui avait encouragé les menées des légitimistes qui avait abandonné la cause des peuples opprimés Ce manifeste, fort de cent trente-cinq adhésions, produisit une impression immense, à peine diminuée par l'intérêt qui s'attachait aux péripéties de la lutte contre la duchesse de Berry.

Le général Dermoncourt, envoyé à Nantes, avait fait fouiller les maisons des principaux agents du parti légitimiste. La duchesse de Berry, malgré les efforts de Berryer et de plusieurs royalistes qui cherchaient à la dissuader d'une prise d'armes, avait assigné la nuit du 3 au 4 juin à la levée des boucliers. Le 28 mai, le général Dermoncourt s'emparait du château de la Charlière, où il trouvait enfermés dans des bouteilles la correspondance de la duchesse et tout le plan de la prise d'armes. Il n'y eut d'engagements un peu sérieux qu'à Pont-la-Claye, en Vendée, à Chemisé-le-Gaudin, dans la Sarthe, au village du Chêne et au Château de la Penissière. La Vendée n'était plus le pays féodal de 1793 : sur 1 500 000 habitants, 2 ou 3000 seulement prirent les armes en 1832. Forcé de quitter les Mesliers, la duchesse erra de ferme en ferme, et le 8 juin, sous le déguisement d'une paysanne, elle entrait à Nantes avec Mlle de Kersabiec et M. de Ménars. La Vendée était soumise, au moment même où le gouvernement livrait aux républicains une véritable bataille dans les rues de Paris.

Nous avons dit que les membres de l'opposition de la Chambre des députés, réunis chez Laffitte, avaient adopté le *Compte rendu* à leurs commettants. Le général Lamarque, alors malade, y apposa sa signature. Trois jours après, le 1er juin, la réunion de la *Société des amis du peuple* fut dissoute par la police : le lendemain, le général Lamarque expirait. La Société *Aide-toi* organise ses funérailles avec la pensée de faire une manifestation importante pour ébranler le ministère. Les obsèques sont fixées au 5 juin. Le cortège devait suivre le boulevard jusqu'au pont d'Austerlitz, où une voiture de voyage prendrait le corps pour le transporter à Mont-de-Marsan. Personne ne songeait à faire une révolution : le gouvernement agit comme s'il la redoutait et assigna des positions stratégiques à tous les régiments. A onze heures, le cortège, escorté par deux bataillons d'infanterie, quitta dans le plus grand ordre le domicile du défunt, rue d'Anjou Saint-Honoré : Lafayette, Clausel, Laffitte et Mauguin tenaient les cordons du char que suivaient 20 000 gardes nationaux. Après eux venaient plus de 40 000 assistants ; 20 000 spectateurs emplissaient les boulevards. Les cris de « vive la Pologne » retentissaient avec force ; ceux de « vive la République » ne sont poussés que par les sectionnaires et les réclamants de Juillet. Sur le boulevard Saint-Denis, on commence à déraciner les arbres pour s'en faire des armes ; sur la place de la Bastille, les élèves de l'École polytechnique, qui ont violé la consigne, rejoignent le cortège, grossi encore par 500 ouvriers du faubourg Saint-Antoine, armés de bâtons.

A trois heures et demie, le convoi arrive sur le pont d'Austerlitz. Mauguin, Clausel, le Polonais Lelewel, le général Salhanda et Lafayette adressent à Lamarque un dernier adieu. L'allocution de Lafayette toute pacifique et modérée est accueillie par les cris : « A bas Louis-Philippe! » A peine est-elle terminée, que 200 dragons quittent la caserne des Célestins, suivent le quai et se dirigent vers la tête du pont d'Austerlitz. A leur aspect, la foule organise des barricades : Jules Bastide, qui commande l'artillerie de la garde nationale, crie à ses hommes que le moment est venu

de vaincre de nouveau le despotisme. Le commandant
des dragons, accompagné d'un fourrier, s'avance vers
les groupes armés en les assurant de ses intentions
pacifiques : il est accueilli à coups de pistolet. Une
seconde colonne de dragons fait évacuer les rues
Montmorency et Sully, la place de l'Arsenal et débouche sur le boulevard Bourdon, sabrant tout sur
son passage : accueillie par une vive fusillade au pavillon Sully, elle est forcée de battre en retraite. Sur
la rive gauche, le combat livré à la garde municipale
avait tourné contre les insurgés et le cercueil de
Lamarque que la foule voulait porter au Panthéon,
avait été conduit à sa destination. Malgré ce succès
la guerre civile se répandait dans tout Paris. Les insurgés occupaient la poudrière des Deux-Moulins, la
caserne des Petits-Pères, les rues du Temple, Saint-
Martin, Saint-Denis, Montmartre et s'avançaient jusqu'à la place des Victoires. La garde nationale se
réunissait sans empressement, l'armée n'agissait avec
un peu de suite et d'énergie que dans la soirée. La
Banque, la place des Victoires, les rues du Mail et du
Petit-Réposoir sont alors dégagées par un escadron du
2ᵉ dragons.

Dans la nuit les barricades de la rue du Temple et
de la rue Saint-Denis furent enlevées. La fermeté, la
présence d'esprit de Louis-Philippe raffermirent tous
les courages. Le maréchal Lobau, commandant général
des gardes nationales, reçoit le commandement suprême de toutes les troupes ; *la Tribune, la Quotidienne*

et *le Courrier de l'Europe* sont saisis ; des mandats d'arrêt sont lancés contre Armand Carrel, rédacteur du *National* et contre trois députés Garnier-Pagès, Labaissière et Cabet. Le 6 juin, le faubourg Saint-Antoine fut enlevé sans résistance : l'insurrection se trouvait localisée dans la partie de la rue Saint-Martin, comprise entre les rues Maubuée et Saint-Méry, où elle occupait une position formidable. Sous la conduite d'un jeune homme de vingt-sept ans, nommé Jeanne, cent cinquante hommes au plus resistèrent longtemps à tous les assauts de la troupe et de la garde nationale. Quand le général Laydet, à la tête du 38e de ligne et de bataillons du 1er et du 42e, eut emporté la barricade principale, les défenseurs du Cloître Saint-Merry parvinrent à se faire jour la baïonnette au bout du fusil. La lutte avait duré deux jours (5 et 6 juin). L'armée et la garde nationale y avaient eu soixante-dix tués et trois cent vingt-six blessés, les insurgés près de deux cents morts et autant de blessés. Le lendemain de la victoire, Paris fut mis en état de siège ; l'École d'Alfort, l'École polytechnique et l'artillerie de la garde nationale furent dissoutes ; une ordonnance, bientôt retirée, enjoignait aux médecins et chirurgiens de donner à la police les noms des blessés.

Le 6 juin, Louis-Philippe recevant au Tuileries Laffitte, Odilon Barrot et Arago, délégués auprès de lui par les députés de l'opposition, affirma qu'il n'avait fait aucune promesse en 1850, que le système suivi depuis lors était le sien et qu'il ne s'en départirai pas. Ce langage, de l'aveu même de Guizot, était une faute grave. Quant à Odilon Barrot il a résumé ainsi ses impressions et celles de ses deux collègues : « Nous fûmes comme stupéfaits. La chute de ce gouvernement qui niait si absolument la condition de son origine, nous apparut comme fatalement certaine et nous convînmes de rédiger en triple expédition le procès-verbal de cet entretien, comme pour en prendre acte devant l'histoire. » A seize ans de là cette prophétie, remarquable par sa date, devait se réaliser.

Dans la même conversation, Louis-Philippe avait ajouté qu' « on le hacherait comme chair à pâté dans un mortier » plutôt que de l'entraîner dans une autre voie et qu'il n'avait « absolument rien trouvé » dans le *Compte rendu* des députés de l'opposition. En résumé il se déclarait solidaire du cabinet du 13 mars et de sa politique, mais promettait de n'approuver aucune mesure exceptionnelle, promesse qui ne fut pas tenue. L'œuvre des conseils de guerre commença le 16 juin : Pepin, capitaine de la garde nationale, fut acquitté faute de preuves ; un peintre Auguste Geoffroy, est condamné à mort ; il se pourvoit en cassation et est renvoyé devant ses juges naturels. Cet échec décide le gouvernement à lever l'état de siège (30 juin) et à renvoyer devant la Cour d'assises toutes les poursuites relatives à l'insurrection.

L'émotion à peine calmée fut ravivée par la nouvelle de la mort du duc de Reichstadt (22 juillet 1832) et par la scène de meurtre du pont d'Arcole (29 juillet) : des jeunes gens qui chantaient la Marseillaise avaient été cernés sur le pont par les gardes municipaux et les sergents de ville et attaqués avec la dernière brutalité. Les violences, les condamnations à mort prononcées par la Cour d'assises auraient pu provoquer une nouvelle lutte, si Louis-Philippe n'avait sagement commué les peines capitales.

Les procès de presse tournèrent presque tous à la confusion du gouvernement : *le Commerce, le Message* et *le National* furent acquittés ; le gérant du *Corsaire* fut condamné à six mois de prison et 1,000 francs d'amende.

Le 23 octobre commença le procès de vingt-deux insurgés qui avaient pris part au combat du Cloître Saint-Merri. Quelques accusés, comme Rossignol Fournier, nièrent leur participation à la lutte, Jeanne l'avoua et s'en fit gloire. Il fut condamné à la déportation ; Rossignol à huit ans de réclusion, Goujon et Vigoureux à six années de travaux forcés ; quinze prévenus furent acquittés par le jury. Pendant que ces procès avaient lieu à Paris, on jugeait dans la Vendée et dans le Midi, nombre de royalistes compromis dans la tentative insurrectionnelle de la duchesse de Berry : presque tous furent acquittés.

Plus sûr de sa force, plus confiant après sa victoire sur les républicains, le gouvernement inquiéta plusieurs sectes religieuses qui avaient fait d'assez rapides progrès depuis la révolution de Juillet, sur-

tout celle des *Saint-Simoniens* et l'*Église* dite *fran-*
çaise. Poursuivis pour délit d'association et d'escro
querie, les *Saint-Simoniens* furent condamnés à des
peines correctionnelles rigoureuses : les plus avisés
renoncèrent à leur costume bizarre et à leurs doctrines, pour accepter de grandes situations adminis-
tratives ou financières. Les fondateurs de l'*Église*
française, les disciples de l'abbé Châtel, ne montrèrent pas plus de goût pour le martyre.

Quelques jours avant ces procès, qui eurent bien
moins de retentissement que les procès politiques,
on avait célébré à Compiègne le mariage de la fille
aînée du roi Louise-Marie d'Orléans, avec le roi
Léopold, 9 août. Cette union semblait devoir préparer
la solution de la question belge.

La reconstitution du cabinet (11 octobre) parut
aplanir toutes les difficutés intérieures. La coalition
de Thiers, de Broglie et Guizot donnait au ministère
une grande action sur la Chambre des députés ; la
majorité fut assurée à la Chambre haute par une
nombreuse fournée de pairs. Les ministres déclarèrent que leur politique serait la continuation de celle
du 13 mars. L'un de leurs premiers actes fut le rétablissement de la classe des sciences morales et politiques à l'Institut ; excellente mesure dont l'honneur
revient à Guizot. Thiers chargé de mener à terme la
délicate question de la duchesse de Berry, parvint à
son but par des moyens peu honorables : un juif converti, Deutz, fut l'agent soldé de la trahison. Décou-

verte à Nantes, dans la maison des demoiselles Dugui-
gny, la duchesse fut transférée à la citadelle de
Blaye.

Cette importante capture réduisait à l'impuissance
le parti légitimiste : il ne pouvait plus rien contre la
sûreté de l'État. La grossesse et l'accouchement de la
duchesse du Berry lui portèrent le dernier coup.

Ce succès du gouvernement coïncida avec la prise
d'Anvers : le roi de Hollande s'étant refusé à exécuter
le traité franco-anglais du 15 novembre 1831, une
armée de 70 000 hommes, commandée par le maréchal Gérard, entra en Belgique, pendant que les flottes
combinées de la France et de l'Angleterre quittaient
Spithead et se dirigeaient vers la Hollande.

La session de 1833 s'ouvrit le 19 novembre 1832 :
le roi en se rendant au Palais-Bourbon échappa à un
coup de pistolet tiré sur lui à l'extrémité du Pont-
Royal, et fut vivement acclamé par les Chambres.
Après l'élection de Dupin aîné comme président, on
commença la discussion de l'adresse adoptée malgré
les efforts d'Odilon Barrot et de la gauche qui repro-
chaient au Gouvernement de méconnaître les conditions de la monarchie populaire. Thiers et Soult ré-
pondirent, en opposant à la gauche son *Compte rendu*,
ses sympathies pour les insurgés de juin et sa ten-
dance inconsciente à la république.

Pendant ces débats, le siège d'Anvers commençait ;
le 4 décembre l'assaut allait être donné, après dix-
jours de bombardement, quand le général Chassé ca-

pitula (23 décembre). Le même jour, l'escadre hollandaise et la garnison du fort Liefkensoeck étaient battus par Tiburce Sébastiani, à Doel. La guerre était terminée : on ne laissa en Belgique qu'un corps d'occpation de 20 000 hommes. Cette courte et décisive campagne avait singulièrement honoré, outre le maréchal Gérard, les généraux Nègre et Haxo, sans parler des ducs d'Orléans et de Nemours. Mêmes succès en Afrique : le général Clausel, successeur de Bourmont, y avait trouvé les services civils désorganisés ; il avait tout rétabli, créé une ferme modèle, étudié des projets de colonisation dans la Mitidja. Sébastiani, jaloux de l'initiative qu'il s'attribuait, le remplaça par Berthezène, que sa docilité seule recommandait. Dans une excursion à Médéah, il aurait perdu une partie de son armée sans l'énergie du commandant Duvivier qui fit face à l'ennemi et protégea la retraite. Il acheta 70 000 francs, à Ben-Moubarek, la jouissance paisible de la banlieue d'Alger. Il fut remplacé, le 1er décembre 1831, par le duc de Rovigo Savary : sous cette administration, les capitaines d'Armandy et Youssouf s'emparent de Bône par un coup de main audacieux (25 mars 1832). Les généraux Boyer et Faudoas contiennent l'ennemi à Oran et aux environs d'Alger. La capitale de notre colonie, sous l'administration tyrannique et cruelle, mais probe et habile de l'ancien ministre de la police, se peuple et s'embellit ; on l'entoure de camps que relient des blockaus ; on étend son action sur une étendue de six

lieues carrées ; on fonde des villages, on perce des
routes. Malheureusement, le duc de Rovigo ne put
échapper à l'influence du climat ; de retour à Paris,
en mars 1852, il mourut peu de mois après. Le général Voirol le remplaça : son administration conci-
liante assura le développement des bureaux arabes,
organisés par le capitaine Lamoricière.

Le cabinet fut modifié à la suite de l'expédition en
Belgique ; Thiers remplaça d'Argout à l'intérieur et
lui laissa sa succession au commerce et aux travaux
publics. Un nouveau procès dirigé contre les membres de l'ancienne *Société des amis du peuple* amena,
sur les bancs des prévenus, Godefroi Cavaignac, Ploque, Desjardins, Rittiez, Berrier Fontaine accusés d'a-
voir contrevenu à l'article 291 du Code pénal. Leur
acquittement produisit une vive sensation dans l'au-
ditoire et dans le public.

La Chambre des députés, après avoir voté l'ordre
du jour sur les pétitions qui demandaient la mise en
liberté de la duchesse de Berry, aborda la discussion
de la loi d'organisation départementale promise en
1830. Le principe électif fut substitué au choix des
conseillers par le Gouvernement ; la base de l'élection
fut la même que pour la loi électorale. Les ministres
du culte furent exclus des fonctions départementales,
après une véhémente improvisation de Dupin.

Les deux Chambres adoptèrent ensuite la loi d'expropriation pour cause d'utilité publique qui permit
de commencer la construction des chemins de fer.

Pendant le vote du budget, Baude, conseiller d'État, et Dubois, inspecteur général de l'Université, se séparèrent du ministère, sur la question des pensions accordées aux officiers et soldats qui avaient servi dans les armées étrangères ou dans les armées vendéennes. Baude et Dubois furent destitués (6 mars). Sur la question des fortifications de Paris, la Chambre émit un vote de défiance en refusant tout crédit pour la continuation des travaux (2 avril). La Chambre des pairs avait montré le même esprit d'hostilité, en ajournant un projet de loi sur l'état de siège. La dénonciation, par le poète Viennet, du journal la *Tribune*, qui l'avait pris à partie, ramena devant la Chambre la question des fortifications et introduisit celle de la corruption parlementaire. Lionne, gérant de la *Tribune*, parut devant la Chambre assisté de Godefroi Cavaignac et d'Armand Marrast, qui, au lieu de défendre leur client, firent un violent réquisitoire contre la *Chambre prostituée*. Lionne fut condamné à trois ans de prison et 2000 francs d'amende.

La session de 1832 fut close le 25 avril ; la nouvelle session s'ouvrit le 26 avril 1833, peu de temps après le procès dit du *coup de pistolet*, qui aboutit à l'acquittement de l'accusé Bergeron. La Chambre adopta l'excellente loi Guizot sur l'organisation de l'enseignement primaire par 249 voix contre 7. Le 28 mai, la Chambre des pairs confirma ce vote et la loi fut immédiatement exécutée. Des allocations considé-

rables sont accordées dans cette session pour les
routes, les canaux, les phares : 100 millions, votés à
la demande de Thiers, durent être consacrés aux monuments de la capitale, aux travaux de canalisation,
aux routes royales, aux routes stratégiques de la Vendée, à l'éclairage des côtes et à l'étude des lignes de
chemin de fer.

La session close (26 juin), le maréchal Soult fit
continuer les travaux de fortification malgré le vote
de la Chambre; les journaux tonnèrent; toutes les sociétés s'agitèrent : celle des *Droits de l'homme*, dirigée par Godefroy Cavaignac; celle de l'*Action*, fondée
par de Kersausie; celle de la *Liberté de la presse*, pa-
tronnée par Lafayette. La poursuite entamée contre
cette dernière association aboutit encore à un acquittement. Une autre association fort influente, celle de
l'*Instruction populaire*, avait été créée en 1832 par
Arago, Cabet et Cormenin.

L'agitation entretenue par la presse et les sociétés
força le Gouvernement à ajourner ce que l'on appelait
l'embastillement de Paris. Les esprits s'étant calmés,
on procéda, le 28 juillet, à l'inauguration solennelle
de la statue de l'empereur sur la colonne Vendôme.

La question sociale allait ramener le trouble dans
les esprits et le désordre dans les rues. La société
des *Droits de l'homme* avait de nombreux adhérents
parmi les ouvriers; plus de soixante mille, en 1833,
unis dans une action commune, traitaient les ques-
tions de salaires, d'heures de travail, agitées dans une

foule d'écrits que les crieurs publics colportaient dans les rues. Dans un procès intenté aux crieurs publics, le procureur général Persil fit entendre des paroles menaçantes pour les ouvriers, déclarant qu'entre eux et les patrons il n'y avait pas de transaction possible. L'émotion fut extrême. Quelques augmentations de salaires, des menaces, des promesses, quelques arrestations portant sur les membres de la *Société des droits de l'homme* parvinrent cependant à dissoudre les coalitions ouvrières. Le roi, dans un voyage en Normandie, exposa ses idées économiques, à Rouen, à Bernay, il se déclara partisan de la plus grande liberté, tout en considérant comme une chimère toute innovation en matière commerciale.

Dans le discours de rentrée qu'il prononça devant la Cour, Persil attaqua violemment la *Société des droits de l'homme* et le manifeste républicain qu'elle venait de publier ; il demanda la réforme du jury, et il traita de niaise et d'impraticable la maxime constitutionnelle : « Le roi règne et ne gouverne pas. » Quelques jours après, le 11 décembre, vingt-sept membres de la *Société des droits de l'homme* comparaissaient devant le jury sous l'accusation de complot, Raspail, Kersausie et cinq élèves de l'École polytechnique étaient les principaux accusés. Tous furent acquittés, mais leurs avocats furent frappés de peines disciplinaires. Dupont fut interdit pour une année, Michel de Bourges et Pinard pour six mois. On leur reprochait des paroles injurieuses pour l'avocat général Delapalme.

Cette agitation, qui de la France s'étendait en Suisse et en Allemagne, provoqua la réunion diplomatique, à Tœplitz, des représentants de l'Autriche, de la Prusse et de la Russie, Metternich, Ancillon et Nesselrode, qui se prononcèrent pour une conférence de leurs souverains, à Muntz-Graetz (septembre). On accepta les faits accomplis en Belgique, on convint des secours à fournir par la Russie au cas où la Confédération germanique serait menacée ; on s'entendit contre le parti qui désirait les bouleversements, et on fit à la France une guerre douanière dont le Zollverein fut la première manifestation. Les souverains ne s'occupèrent pas de la péninsule ibérique, malgré la gravité des événements qui s'y étaient accomplis.

Don Pedro, installé à Lisbonne depuis le 28 juillet, avait promulgué une constitution libérale. En Espagne, Christine, prévoyant la mort de Ferdinand VII, se rapprocha des libéraux, réprima les complots des apostoliques et fit révoquer le décret qui rétablissait la loi salique. Après la mort du roi (29 septembre 1833), elle fut proclamée régente, et don Carlos se réfugia en Portugal. Mais les cours du Nord refusèrent de reconnaître cet état de choses.

En France, la session de 1834 s'ouvrit le 25 décembre 1833. Le discours du roi affirma la bonne entente avec l'extérieur et laissa entrevoir la présentation de mesures répressives.

Dupin fut élu président; l'adresse fut votée sans opposition. Le 25 janvier 1834, le ministère de la justice déposa le projet de loi contre les crieurs publics. La discussion fut précédée d'une interpellation de Larabit, signalée par une intervention imprudente de Dulong, fils adoptif de Dupont de l'Eure, et suivie d'un duel où le jeune député fut mortellement blessé par le général Bugeaud. Dupont de l'Eure désolé, renonça à la vie politique. La loi sur les crieurs publics fut adoptée, le 7 février : elle soumettait la distribution sur la voie publique à la nécessité d'une autorisation préalable de la municipalité.

La tentative des réfugiés politiques contre la Savoie, conçue à Paris par Mazzini, dirigée par le général Ramorino, provoque de nouvelles notes des souverains contre les comités de propagande révolutionnaire. Le gouvernement français demanda à la Chambre l'autorisation de poursuivre un de ses membres, Cabet, rédacteur du journal *le Populaire*. L'autorisation accordée, Cabet fut condamné à deux ans de prison et 4,000 francs d'amende. La rigueur de cette sentence surexcita les esprits et ralluma l'incendie à peine éteint à Lyon.

La Glaneuse, *le Précurseur* et *l'Écho de la Fabrique* faisaient une guerre acharnée au gouvernement mal défendu par *le Courrier de Lyon*. En février 1834, la question sociale surgit de nouveau : les fabricants avaient décidé une diminution de 25 centimes sur le prix de la fabrication de l'aune de peluche; les mutuellistes par 1287 voix contre 1045 décidèrent la cessation immédiate du travail : 20 000 métiers cessent de battre, à partir du 14 février. L'intervention des républicains fit reprendre les travaux dès le 22. Le gouvernement au lieu de chercher à calmer l'agitation fit poursuivre plusieurs ouvriers pour délit de coalition; à Paris, il présenta le projet contre les associations (25 février). La loi de Barthe aggravait les pénalités édictées par l'article 291 et conférait aux tribunaux correctionnels la connaissance des attentats commis contre la sûreté de l'État. Après une mémorable discussion, où Guizot étala sa froide ironie, son éloquence sèche et vigoureuse, où l'opposition défendit énergiquement la souveraineté populaire, où le général Bugeaud se montra plus provocateur que jamais, la loi fut votée le 25 mars par 246 voix contre 154. D'un bout à l'autre de la France, les sociétés politiques firent entendre d'énergiques protestations. Trois mille mutuellistes déclarèrent qu'ils ne céderaient pas; *l'Union de juillet*, réunie sous la présidence de Lafayette refusa de se soumettre; la société des *Droits de l'homme* au lieu de se contenter d'une résistance légale, qui ne pouvait manquer d'être efficace, se décida pour la voie des armes. C'était folie avec les trois mille hommes de forces actives que possédait le parti républicain à Paris. Mais on comptait sur Lyon et sur la complicité de l'armée.

Le 5 avril 1834 commença devant la police correctionnelle de Lyon, le procès des mutuellistes; au sortir de l'audience un détachement du 7º de

ligne, chargé de disperser la foule, fraternise avec les
ouvriers sur la place Saint-Jean.

Une modification ministérielle qui substitua Persil
à Barthe, nommé président de la Cour des comptes
parut significative : des deux parts, on se préparait à
la lutte. Le 8 avril, le maire de Lyon fait afficher
une proclamation menaçante ; le lendemain onze
mille hommes, quinze cents chevaux et dix batteries
d'artillerie, réunis sous le commandement du général Aymard, occupent la place Bellecour. Dix à douze
mille ouvriers se pressent sur la place Saint-Jean ;
à dix heures une barricade est élevée à l'entrée de
la rue Saint-Jean, la troupe s'en empare ; mais en
un quart-d'heure de nombreuses barricades sont
dressées dans la rue de la Préfecture, rue Mercière,
rue Grôlée, rue de l'Hôpital. A midi on se bat partout. La préfecture enserrée par l'insurrection, est
dégagée par la troupe qui lance des pétards pour dé-
busquer les ouvriers et allume un violent incendie
rue de l'Hôpital. A la fin de la journée l'armée était
maîtresse des ponts, du quartier Saint-Jean, des
places Bellecour, de la Préfecture et des Terreaux.
Le jeudi 10, le combat s'engage à la Guillotière, qui
offre bientôt le spectacle d'un immense embrase-
ment ; à midi les insurgés occupent la caserne du
Bon-Pasteur, au-dessus du Jardin des Plantes ; de
partout ils tiraillent, à l'abri dans les maisons, sans
se montrer en masse. La place Sathonay qu'ils ont
un moment occupée est bientôt reconquise par le

28ᵉ de ligne, qui souille sa victoire par le massacre dans une maison où se sont réfugiés les insurgés. Ceux-ci s'abstinrent de toute violence contre les personnes. La Guillotière fut conquise par l'armée dans la journée du 10, mais le faubourg de Vaisse se joignit à l'insurrection qui se fortifia à la Croix-Rousse et s'empara du fort et de la caserne Saint-Irénée.

Dans la journée du 11 les républicains essayaient vainement de s'ouvrir un passage de la place des Cordeliers à l'Hôtel de Ville : les armes leur manquaient et pour s'en procurer ils firent des excursions peu fructueuses dans les communes de la banlieue ; le même jour plusieurs ouvriers constatant leur isolement abandonnèrent les barricades. La Guillotière est reconquise par la troupe et le général Aymard disposant de quinze mille hommes prépare une attaque décisive : il rencontre peu de résistance à Vaisse, enlève la barricade de la place des Cordeliers, fait arracher le drapeau noir du clocher de Saint-Nizier.

Le dimanche 13 avril, la Croix-Rousse résistait seule, les femmes et les enfants poussent les ouvriers à faire leur soumission : la lutte était finie. L'armée y avait eu 115 hommes tués et 360 blessés, l'insurrection 400 blessés et 200 tués.

A la nouvelle des troubles de Lyon, le préfet de police avait fait arrêter les principaux membres du comité des *Droits de l'homme*, moins Cavaignac et Kersausie qui réussirent à prendre la fuite. Le jour même où l'insurrection était vaincue, *la Tribune* annonçait qu'elle était maîtresse de Lyon, de toute la ligne de Paris à Lyon, de Belfort et d'Orléans ; les sections des *Droits de l'homme*, demandaient à marcher ; l'arrestation de Kersausie opérée à midi fit élever des barricades, rue Maubuée et dans les rues adjacentes : attaquées le lendemain par Bugeaud, Tourton, de Lascours et Rumigny, elles sont emportées sans résistance sérieuse. Les barricades élevées rue Transnonain furent enlevées aussi facilement que celles de la rue Maubuée par le 35ᵉ de ligne. C'est alors que les soldats ivres de fureur, voyant rouge, comme il arrive trop souvent dans les guerres civiles, massacrèrent jusqu'au dernier tous les habitants de la maison portant le numéro 12, rue Transnonain.

On réprima aussi des troubles moins graves à Grenoble, Marseille, Arbois et une émeute militaire à Lunéville.

Le 14 avril Guizot annonçait aux Chambres la répression de l'insurrection ; le lendemain une loi fut présentée contre les détenteurs d'armes de guerre ; une autre demandait un crédit extraordinaire pour maintenir l'armée à quatre cent mille hommes et une ordonnance royale constitua la Chambre des pairs en Cour de justice.

Un mois après ces tristes événements, Lafayette succombait (20 mai) ; ses funérailles furent tristes et lugubres. Sa mort privait les libéraux d'un puissant appui, au moment où les idées qui leur étaient chères allaient subir un furieux assaut réactionnaire. Le 24 mai la session de 1834 était close, le lendemain la dissolution était prononcée.

Le 22 avril précédent, Talleyrand avait signé à Londres le traité de la quadruple alliance qui assurait par l'union de la France et de l'Angleterre avec le Portugal et l'Espagne, la défaite de don Carlos et de don Miguel. C'était la réponse des puissances libérales aux coalisés de Muntz-Graetz.

CHAPITRE V

LES CABINETS DE RÉSISTANCE. — SOULT, MORTIER, DE BROGLIE. (DES ÉLECTIONS DE 1834, AU 22 FÉVRIER 1836.)

Le 1ᵉʳ mai Louis-Philippe ouvrit solennellement l'Exposition de 1834 et la lutte électorale s'engagea sous l'impression favorable produite par cet événement. Elle fut défavorable aux républicains; malgré la coalition carlo-républicaine, ils perdirent la plupart de leurs sièges. Les partis se classaient ainsi dans la nouvelle assemblée : 200 conservateurs, 120 tiers-parti, autant d'opposants de toute nuance et 21 légitimistes. Seul, le tiers-parti, qui penchait pour la clémence dans la répression des troubles civils avait vu ses forces augmenter; la majorité ministérielle était plutôt ébranlée que consolidée. Thiers et Guizot attribuaient cet affaiblissement à l'incapacité du maréchal Soult; ils l'éliminèrent et lui donnèrent pour successeur le maréchal Gérard. La session ouverte, Dupin fut élu président; hostile au ministère, la Commission de l'adresse laissa percer, dans ce document, ses vœux en faveur de l'amnistie. Les Cham-

bres furent prorogées au 29 décembre et on se trouva
en pleine crise ministérielle. Après la démission de
Gérard (29 octobre), celle de Thiers, Humann, Guizot,
Duchâtel et de Rigny (4 novembre), après la constitution du ministère des six jours (15-19 novembre),
composé du duc de Bassano, de Teste, Passy, Bernard
et Persil, le cabinet du 11 octobre revint aux affaires
avec Mortier à la place de Gérard. Le 1er janvier 1835
la lutte s'engagea entre le nouveau ministère et le
tiers-parti sur la question d'amnistie : au fond la véritable question était celle de l'intervention ostensi-
ble du roi dans toutes les délibérations du conseil.
Après un débat oratoire entre Thiers et Dupin, un
ordre du jour favorable au Gouvernement rallia la
majorité. Le tiers-parti était vaincu.

Pendant cette crise ministérielle la Chambre des
pairs, sur la dénonciation du comte de Ségur, avait
cité Armand Carrel à comparaître devant elle pour un
article injurieux publié dans le *National* (16 décembre). Armand Carrel, dans sa défense, fit une allusion
sanglante au procès du maréchal Ney ; il déclara que
le juge avait plus besoin de réhabilitation que la victime, et que la mort du maréchal était un abominable
assassinat. « Je suis de l'avis de M. Carrel, s'écria Ex-
celmans, la mort du maréchal Ney est un abominable
assassinat.» Le gérant du *National* fut condamné à
deux mois de prison et 10000 francs d'amende, par
122 voix sur 152 votants.

A la Chambre des députés la discussion du projet

de loi portant allocation de crédit pour la construction d'une salle où seraient jugés les accusés d'avril préjugeait la question d'amnistie. Sauzet, Lamartine qui faisait ses débuts parlementaires, Odilon Barrot, parlèrent contre le projet, qui fut voté après un habile discours de Guizot, par 209 voix contre 185.

Après ce vote, Mortier, qui n'avait accepté la présidence du Conseil que pour tirer le roi d'embarras, donna sa démission et fut remplacé par le duc de Broglie.

Dans cette session fut adoptée la loi sur les caisses d'épargne et celle qui attribuait une indemnité de 25 millions aux États-Unis. Le budget des dépenses fut fixé au chiffre de 978 681 075 francs en diminution d'une dizaine de millions sur le budget précédent.

Le 5 mai avaient commencé les débats du procès d'avril. Cent vingt et un accusés comparurent devant a Cour des pairs. Pasquier présidait; le procureur général Martin du Nord occupait le parquet; quatre-vingt-seize pairs étaient absents. Après plusieurs audiences tumultueuses dans lesquelles les accusés réclamèrent énergiquement, mais sans succès, le droit de choisir leurs défenseurs en dehors du barreau, le procès principal fut interrompu pour le jugement d'une cause secondaire qui se rattachait intimement à la première. Trélat, Michel de Bourges, Gervais de Caen, Raynaud, Jules Bernard, David et de Thiais, auteurs d'une lettre qui conseillait aux accusés d'avril de récuser les juges et de refuser le procès tant qu'ils n'auraient pas obtenu des défenseurs de leur choix, furent condamnés à des emprisonnements variant de deux mois à trois ans et à des amendes de 200 à 10 000 francs. On revint alors aux accusés d'avril : quand on eut épuisé l'audition de ceux qui acceptaient le débat, on employa la force pour faire comparaître les autres, et la Chambre des pairs assista aux scènes les plus lamentables. On dut suspendre les audiences jusqu'au 20 juin ; le 11 juillet la Cour, à la demande de Martin du Nord, prononça la disjonction de la cause des accusés de Lyon. Leur sentence allait être prononcée à la fin de juillet, quand trois assassins : Fieschi, Morey et Pépin, saisirent l'occasion de l'anniversaire des trois journées, pour commettre sur la personne du roi un exécrable attentat (28 juillet). La garde nationale et l'armée occupaient toute la ligne des boulevards, de la Bastille à la Madeleine ; la foule se masse en rangs serrés derrière les troupes. A midi, le roi monte à cheval accompagné de ses fils et d'un nombreux état-major ; il arrive devant la maison du boulevard du Temple qui porte le n° 50 ; une épouvantable explosion se fait entendre, des cris de douleur s'élèvent, quarante morts ou blessés gisent sur le pavé : le duc de Trévise, six généraux, deux colonels, neuf officiers et soldats de la garde nationale, un officier d'état-major, vingt et un spectateurs sont frappés. Le roi n'est pas touché ; il achève la revue avec le plus grand calme.

Le 5 juillet, les funérailles des victimes sont célébrées avec une grande solennité.

Fieschi blessé par sa machine infernale a été arrêté le jour même. Son crime était horrible : l'indignation qui l'accueillit fut unanime, mais les passions politiques l'exploitèrent ; la presse et le libéralisme en furent rendus responsables. La machine de Fieschi, disait-on, était une idée républicaine.

C'est en se plaçant sur ce terrain que le ministère présenta, le 4 août, un projet de loi qui supprimait toute discussion touchant le principe du gouvernement. Un second projet autorisait le ministre de la justice à créer, dans les cas de rébellion, autant de Cours d'assises qu'il serait besoin, attribuait le vote secret au jury et réduisait de huit à sept le nombre des voix nécessaires pour la condamnation.

La discussion de ces lois dura du 13 au 29 août : la Chambre des députés en aggrava les dispositions, malgré les protestations de Royer-Collard, de Dupin aîné, qui défendirent éloquemment les prérogatives de la presse et du jury. Après le vote des *Lois*, dites *de septembre*, qui portaient une véritable atteinte aux principes de la Charte constitutionnelle et la clôture de la session (11 septembre), la Cour des pairs qui avait condamné, le 13 août, les accusés de Lyon, reprit le jugement des accusés de Lunéville, puis de ceux de Paris : cet interminable procès prit fin le 25 janvier 1836. La déportation et la détention frappèrent les plus compromis des prévenus.

La royauté constitutionnelle avait triomphé des légitimistes et des républicains, elle venait d'obtenir un puissant moyen de gouvernement : c'est alors que les chefs du parti vainqueur se divisèrent et que le cabinet du 11 octobre fut menacé de dissolution par la rivalité de deux grands esprits bien dissemblables, Thiers et Guizot.

Cette rivalité, assoupie jusqu'alors par les nécessités de la lutte pour l'existence, se réveilla au sujet de l'Espagne. La régente Christine invoquait l'intervention de l'Angleterre et de la France, en vertu du traité de quadruple alliance. L'Angleterre consentait à intervenir. Thiers voulait imiter l'Angleterre, Guizot s'y opposait. Louis-Philippe réconcilia les deux adversaires en leur faisant accepter une intervention atténuée sous forme de coopération de la légion étrangère. La crise conjurée renaquît à l'ouverture de la session : Humann d'accord avec Thiers se prononça pour la réduction de la rente sans avoir consulté ses collègues (14 janvier 1836); forcé de se retirer, il est remplacé par d'Argout, et le duc de Broglie déclare que le ministère ne proposera pas la réduction. La Chambre, à la majorité de 2 voix, se prononça contre l'ajournement de la question, et le ministère se rendit aux Tuileries pour annoncer sa démission au roi. Le cabinet du 11 octobre avait vécu près de 4 ans.

CHAPITRE VI

MINISTÈRES THIERS ET MOLÉ. — LE SYSTÈME PERSON-
NEL (DU 22 FÉVRIER 1836 AU 12 MAI 1839).

Le procès Fieschi se déroulait devant la Cour des
pairs, pendant la crise ministérielle, sans qu'il fût
possible au parquet d'y compromettre les républicains ou les légitimistes, et se terminait le 15 février
par un arrêt qui condamnait Fieschi, Pepin et Morey
à la peine capitale ; un troisième complice, Boireau, à
vingt ans de détention. L'exécution eut lieu le 19 février.

Le 1ᵉʳ mars le *Moniteur* annonça la constitution du
nouveau cabinet. Thiers, président du Conseil, ministre des affaires étrangères ; Sauzet, de la justice;
Montalivet, de l'intérieur ; Passy, du commerce ; Pelet
de la Lozère, de l'instruction publique ; d'Argout, des
finances ; Duperré, de la marine, et Maison, de la
guerre. C'était un ministère tiers-parti.

Thiers arrivé au pouvoir grâce à une infime minorité dans une question non politique, ne pouvait
avoir une attitude bien nette. Après avoir soumis
aux Chambres une loi importante sur les chemin
vicinaux, il réussit à faire ajourner la réduction de

la rente et obtint, sans difficulté, un vote de confiance
sur une demande de fonds secrets. Le 15 avril s'ouvrit un débat sur la loi douanière dans lequel le président du Conseil se déclara très partisan du système
protecteur, et le budget fut arrêté à la somme de
1 012 166 000 francs, sans autre incident qu'une vive
discussion sur l'article relatif aux monuments de
Paris. Avant de se séparer, la Chambre vota la suppression des loteries.

C'est en 1836 (17 février) que Cracovie, dernier refuge de la nationalité polonaise, fut occupée par l'Autriche, la Prusse et la Russie en exécution des clauses
de Muntz-Graetz, mais en violation des traités de 1815.
Thiers laissa passer sans protestation cette atteinte
aux traités ; il ne songeait alors qu'à ménager un mariage princier au duc d'Orléans. C'est dans ce but que
le prince et son frère, le duc de Némours, parcoururent
successivement l'Allemagne, l'Autriche, puis l'Italie,
d'où ils furent rappelés par l'annonce d'un nouvel
attentat contre la vie du roi. Alibaud qui venait de
tirer deux coups de feu sur Louis-Phillippe, n'avait
pas de complices. Son projet remontait au mois de
juin 1832 ; il voulait tuer le roi parce qu'il le regardait comme l'ennemi du peuple. Jugé par la Cour des
pairs, il est condamné et exécuté le 11 juillet. Quelques jours après le Tribunal correctionnel infligeait
de sévères condamnations à Auguste Blanqui, Lisbonne
et Barbès, membres d'une *Société des Familles*, aux
tendances socialistes.

Malgré la rigueur des *Lois de septembre*, la presse avait conservé son indépendance et son franc parler, qui allait quelquefois jusqu'à l'injure. Émile de Girardin avait conçu le projet d'un journal à bon marché et exposé ce projet dans un prospectus que le journal le *Bon-Sens* critiqua sans la moindre courtoisie. De Girardin répondit par une assignation en police correctionnelle. C'est alors que le *National* intervint en blâmant à la fois le recours aux tribunaux et la menace faite par le rédacteur de la *Presse* de publier la biographie de tous les journalistes. C'est à la suite de ces dissidences qu'eut lieu le duel funeste que M. de Girardin eut le malheur de qualifier de « bonne fortune », et qui coûta la vie à Armand Carrel. Mourant à la fleur de l'âge, après avoir rendu à la cause libérale les services les plus signalés, il laissait dans la presse démocratique une place qui ne fut pas remplie (23 juillet).

Quatre jours après revenait l'anniversaire de ces trois journées où il avait joué le premier rôle, et qui ne fut célébré que par l'inauguration de l'Arc-de-Triomphe de l'Étoile. L'érection de l'Obélisque de Louqsor est de la même année (25 octobre).

Le cabinet du 22 février se retira par suite d'un désaccord avec Louis-Philippe sur la question espanole (25 août). Le 6 septembre le *Moniteur* annonçait la constitution d'un ministère nouveau dont les membres étaient tous, sauf Guizot, plus dévoués au roi qu'attachés aux prérogatives parlementaires. Molé

prenait la présidence du Conseil et les affaires étrangères; Persil, la justice; de Gasparin, l'intérieur;
Guizot, l'instruction publique; le général Bernard, la
guerre; Duchâtel, les finances, et Martin du Nord, le
commerce.

La nouvelle administration prépara des lois sur le
régime des prisons, sur la contrefaçon des livres français à l'étranger, sur la propriété littéraire; elle obtint
du roi l'élargissement de soixante-deux condamnés
politiques, y compris les quatre ministres de Charles X.
Leur mise en liberté coïncida presque avec la mort de
leur ancien maître qui expira à Goritz, le 6 novembre,
dans sa quatre-vingtième année.

Le nouveau ministère était à peine installé qu'une
insurrection militaire éclatait à Strasbourg. Après les
tentatives faites par les légitimistes et les républicains,
le parti bonapartiste entrait en scène à son tour.

Le 30 juillet 1830, la petite manifestation de l'Hôtel-
de-Ville avait complètement échoué. Après cet incident
oublié, Louis-Philippe, en s'entourant des notabilités
du premier empire, avait empêché le parti de se reconstituer; mais depuis la mort du duc de Reichstadt,
le fils de l'ancien roi de Hollande, Louis Napoléon,
était devenu l'héritier impérial; il habitait avec sa
mère le château d'Arenenberg, entretenant des relations avec les réfugiés italiens, polonais et surtout
avec les républicains français qui croyaient alors à
l'alliance de l'empire et de la liberté. Le prince en-
courageait cette illusion dans ses *Rêveries politiques*,

dans ses *Considérations politiques et militaires sur la Suisse*. Durant un séjour à Bade, en 1836, il vit plusieurs officiers français, entre autres le colonel Vaudrey du 4° d'artillerie, en garnison à Strasbourg, qu'il rattacha à sa cause et qu'il entraîna dans ses projets. Son plan était d'enlever Strasbourg et de se porter sur Paris à marches forcées. On sait comment il échoua : le lieutenant Pleigner et le lieutenant-colonel Tallandier empêchent le 46° d'infanterie de prêter son concours à l'insurrection ; ils arrêtent le prince, les officiers qui l'entourent et le colonel Vaudrey. A la même époque, une insurrection militaire, toute républicaine celle-ci, échouait à Vendôme.

Le gouvernement avait fait transférer le prince Napoléon de Strasbourg à Paris, où le préfet de police lui annonça qu'il allait être embarqué pour les États-Unis.

Le procès de ses complices commença le 18 janvier 1837 devant la Cour d'assises de Colmar : tous furent acquittés ; ce résultat, dont le ministère fut atterré, ne surprit personne. Dupin l'avait annoncé dans la discussion de l'adresse ; déplorant qu'on eut enlevé le prince à ses juges ; il avait ajouté qu'en procédant ainsi on avait rendu le procès impossible. La session où fut discutée cette adresse s'était ouverte le 27 décembre ; le roi, en arrivant au Palais-Bourbon, avait été accueilli par des acclamations plus vives que d'habitude, c'est qu'il venait d'échapper à une nouvelle tentative d'assassinat, celle de Meunier, qui avait tiré un coup de pistolet sur la voiture royale sans atteindre personne. » Eh bien, ils ont encore tiré sur moi, dit Louis-Philippe à Dupin en pénétrant dans la Chambre ; non, sire, répondit le président, ils ont tiré sur eux. » Condamné à mort, Meunier vit sa peine commuée par la clémence royale.

L'incident le plus intéressant de la discussion de l'adresse fut la lutte oratoire entre Thiers et Molé au sujet de la quadruple alliance : Thiers réclamait l'exélion du traité, Molé refusait d'intervenir, et la Chambre lui donnait gain de cause.

La France gardait ses ressources et le sang de ses enfants pour sa propre cause, comme le disait Louis-Philippe dans le discours du trône, et les événements dont l'Algérie était alors le théâtre justifiaient cette politique.

La situation, après cent combats héroïques, après d'inutiles essais de colonisation, y semblait très compromise à la fin de 1836. L'administration faible et hésitante de Drouet d'Erlon, nommé gouverneur-général en 1834, avait inspiré une confiance illimitée aux beys hostiles à la France, et parmi eux, à Abd-el-Kader, bey de Mascara. Ce chef habile, brave, fanatique, après une feinte soumission, en février 1834, excita secrètement les Arabes à continuer la lutte, et le 28 juin, il infligea un sérieux échec au général Trézel, sur les bords de la Macta. Le général Clausel, successeur de Drouet d'Erlon (juillet 1835), sema la division parmi les tribus arabes, soumit les Hadjoutes, fit pénétrer des troupes dans Blidah et se mit à la tête de l'armée qui devait attaquer Abdel-Kader dans Mascara ; elle pénétra dans cette ville le 6 décembre. Clausel s'empara ensuite de Tlemcen (13 janvier 1836), infligea de nouveaux échecs à l'émir et rentra dans Oran. Ces avantages furent compromis par le rappel, en France, d'une partie du corps expéditionnaire. Chaque succès était suivi d'une réduction de l'effectif, chaque revers de l'envoi de nouvelles forces.

Pour consolider notre situation à l'est d'Alger, Clausel méditait une expédition contre Constantine. Le 13 novembre, il quittait Bône avec sept mille hommes, mettait trois jours à passer la Seybouse et arrivait sous les murs de Constantine, après mille souffrances, le 21 novembre. Le 22 novembre on s'empare du plateau de Koudiat-asi : de ce point et des hauteurs de Mansourah on canonne la ville pendant toute une journée ; dans la nuit du 23 au 24 on tente une attaque qui échoue, et la retraite est ordonnée. Protégée par le commandant Changarnier, elle s'accomplit péniblement jusqu'à Guelma, où l'armée arriva le 28, après avoir perdu un dizième de son effectif. La nouvelle de ce désastre, qui fit une vive impression en France, ramena l'attention sur notre colonie et fit préparer avec plus de soin l'expédition de l'année suivante.

Le ministère Molé répondit au coup de main de Strasbourg par la présentation de la loi de *disjonction*. En cas de crimes ou délits politiques commis par des

militaires et des civils, elle envoyait les uns devant
les conseils de guerre, les autres devant les tribunaux
ordinaires; un second projet désignait l'île Bourbon
comme lieu de déportation; un troisième édictait la
peine de la réclusion pour non révélation des complots formés contre la vie du roi. En même temps qu'il
sollicitait ces lois répressives, le cabinet demandait aux
Chambres de constituer le château de Rambouillet et
quelques autres domaines de l'État en apanage pour
le duc de Nemours, et d'accorder un million pour la
dot de la reine des Belges. Lois répressives et lois pé-
cuniaires provoquèrent un mécontentement général.
De Cormenin se fit encore l'organe de ce sentiment
dans ses *Lettres d'un jacobin*. Timon évaluait alors le
domaine privé à 113 708 165 francs. Son pamphlet
se terminait par ces mots : N'est-il pas évident, de
toute évidence, qu'une auguste princesse prodigieu-
sement riche de son patrimoine, dira son héritier
l'un des plus jeunes fils du roi qui renoncera alors à
sa part dans le domaine privé, ou bien elle divisera
entre ses neveux son immense fortune, dont le duc
de Nemours aura sa portion, en sorte que dans l'une
et l'autre des hypothèses que nous venons de poser,
le prince pour lequel on demande à la nation de si
douloureux sacrifices, aura de 25 à 30 millions de
capitaux, et le Parlement qui doit avant tout défendre
les deniers des contribuables ne rougirait pas de leur
imposer le fardeau d'un demi-million de rente annuelle? Non, quels que soient la lâcheté et le servi-

lisme du temps où nous vivons, non cela n'est pas possible !

Avant d'aborder la loi de *disjonction*, la Chambre régla les attributions des conseils municipaux, modifia la loi sur la garde nationale et la loi sur les caisses d'épargne. La loi de *disjonction*, combattue par Dupin, défendue par Lamartine, Martin du Nord et Persil, fut repoussée par 211 voix contre 200.

Guizot essaya de reconstituer le cabinet du 11 octobre avec l'appui de Thiers : celui-ci refusa ; le roi repoussa la liste dressée par Guizot et la liste dressée par Thiers, et chargea son homme de prédilection, Molé, de composer un nouveau ministère, dont les doctrinaires seraient exclus. Le 16 avril, le *Moniteur* annonça les nominations suivantes : Barthe, à la justice ; Montalivet, à l'intérieur ; Salvandy, à l'instruction publique ; Lacave-Laplagne, aux finances ; Martin du Nord et Rosamel conservèrent leurs portefeuilles.

La Chambre accorda au nouveau ministère un supplément de dotation pour le prince d'Orléans, à l'occasion de son mariage, et un douaire de 300 000 francs à la reine des Belges. Dans la discussion sur les fonds secrets, elle n'accorda sa confiance à Molé qu'après un long débat, qui révéla l'insuffisance oratoire du président du Conseil et le doctrinarisme exclusif de Guizot.

Pour gagner l'opinion, Molé fit rendre une ordonnance royale d'amnistie (8 mai). Quelques jours après cette mesure de bonne politique, la princesse Hélène de Mecklembourg Schwerin arrivait en France. Son mariage, avec le duc d'Orléans, fut célébré le 30 mai à Fontainebleau ; les fêtes qui le suivirent furent signalées par l'inauguration du Musée de Versailles, œuvre personnelle et glorieuse de Louis-Philippe, et par la catastrophe du Champ-de-Mars, qui rappela le mariage de Louis XVI et de Marie Antoinette, et fit naître de sinistres pressentiments, trop tôt réalisés.

Le mariage du duc d'Orléans s'était fait sous les auspices du roi de Prusse, oncle de la princesse. L'empereur d'Autriche s'était montré moins bien disposé en faveur des d'Orléans et leur avait refusé une archiduchesse. L'heureuse issue des négociations, que Molé avait suivies à Berlin pour faire réussir cette union, fortifia sa position à la Cour, mais ne lui donna pas une voix de plus dans le Parlement.

La discussion du budget arrêté, pour 1836, à 1 053 340 078 francs en recettes, et à 1 037 288 050 fr. en dépenses, fut mêlée aux débats relatifs à l'établissement de grandes lignes de chemins de fer. Avant l'année 1836, époque où le Gouvernement eut un plan arrêté, le premier chemin de fer français, de Saint-Étienne à Andrezieux, avait été inauguré en 1828 ; il ne servait qu'au transport du charbon et des marchandises. En 1832, on établit une nouvelle ligne pour le transport des voyageurs à Montbrison. En 1835, le chemin de fer de Lyon à Saint-Étienne, commencé en 1826, était terminé et mis en communication avec celui de Saint-Étienne à la Loire ; enfin, Saint-Étienne

fut rattaché à Roanne par le chemin de fer de la
Loire.

Ces lignes décuplèrent la valeur des mines de
houille et de charbon et donnèrent un puissant essor
à la prospérité industrielle et commerciale du département de la Loire. Saint-Étienne devint en quelques
années une ville de premier ordre. En 1837 ces résultats crevaient déjà les yeux. Au début de la session
Molé avait demandé un crédit considérable pour les
travaux publics. Le 6 mai, il présenta six projets de
loi pour l'exécution de six chemins de fer : de Paris à
Rouen; de Paris à Orléans; de Mulhouse à Thann; du
Gard; de Lyon à Marseille et de Paris à la frontière
belge. L'exécution de ces lignes par l'État ayant soulevé de graves objections, on ajourna les grandes lignes, et on vota seulement quelques chemins sans
subvention : Alais à Beaucaire; Alais à la Grand'-
Combe; Bordeaux à la Teste; Epinal au canal du
Centre et Mulhouse à Thann.

La Chambre se sépara le 15 juillet; elle ne devait
plus se réunir. Le 14 octobre une ordonnance prononça sa dissolution.

Les élections de 1837 furent précédées d'un glo-
rieux succès remporté en Algérie. Bugeaud, envoyé à
Oran pour maintenir les populations de l'ouest, avait
eu, le 29 mai, sur la Tafna, une entrevue avec Abd-el-
Kader qui aboutit au traité de la Tafna : par cette re-
grettable convention, la France ne se réservait, dans
la province d'Oran, que Mostaganem et Arzew; dans

celle d'Alger, que cette ville, le Sahel, la Mitidja, Blidah et Coleah. L'émir qui devait administrer tout le reste devenait le bey le plus puissant de l'Algérie. On s'acheminait ainsi à l'occupation restreinte projetée par Louis-Philippe et par Bugeaud. Tranquille à l'Ouest, le général Damrémont dut s'occuper d'Achmet Bey et préparer une nouvelle expédition contre Constantine. Il réunit 10 000 hommes à Guelma, tous les corps d'élite, et dès le 9 août s'établit, avec son avant-garde, sur le plateau de Medjez-el-Amnar. L'armée ne fut en état d'agir que le 9 septembre. Valée commandait l'artillerie; Fleury, le génie; Nemours et Trezel, une brigade; Rulhières, les deux autres. Le 6 octobre on était sous les murs de Constantine. La ville était défendue par soixante canons et une forte garnison; Achmet Bey tenait la campagne avec 9000 cavaliers. Les 8, 9, 10 et 11 octobre on bombarda la place; le 13 l'assaut fut ordonné par le général Valée qui venait de remplacer Damrémont frappé d'un boulet en pleine poitrine. La ville fut prise après un combat acharné où le colonel Lamoricière, les chefs de bataillon Vieux et de Sérigny se couvrirent de gloire. Le 11 novembre, le général Valée fut nommé maréchal de France, et le 1er décembre suivant, gouverneur général de l'Algérie.

Molé espérait que le corps électoral serait empressé de faire son cadeau de noces à Louis-Philippe et lui enverrait une majorité plus compacte que celle que la défection des doctrinaires venait de désorganiser.

Les élections eurent lieu le 4 novembre : cette fois, légitimistes et républicains prirent une part active à la lutte ; un certain nombre de membres du centre gauche en furent écartés par une ordonnance royale qui les comprit dans une fournée de cinquante-six pairs nouveaux. La scission entre l'opposition dynastique et l'opposition radicale fut encore plus favorable au gouvernement sinon au ministère ; sur 459 députés 510 furent réélus. Molé fut forcé de se montrer conciliant : l'adresse fut adoptée à une grande majorité, et les fonds secrets, par 249 voix contre 155. Le centre gauche avec Thiers, les doctrinaires eux-mêmes, mais avec plus de réserve, appuyaient le cabinet.

La nouvelle Chambre se montra encore moins favorable que sa devancière à l'exécution des chemins de fer par l'État. Le 26 avril François Arago soumit à la Chambre un rapport qui concluait au rejet du projet gouvernemental : l'Assemblée adopta ces conclusions et accepta les offres de deux compagnies qui s'engageaient à exécuter les lignes de Paris à Rouen et de Lille à Dunkerque. La session fut close le 12 juillet. Six semaines auparavant la Cour d'assises avait condamné le corroyeur Hubert à la déportation, Mlle Laure Grouvelle et Steuble à cinq années d'emprisonnement pour complot contre la vie du roi. Pendant cette session peu remplie, un autre événement avait attiré l'attention : Talleyrand expira le 18 mai ; quelques instants avant sa mort il signa une rétractation des

Erreurs de sa vie que le clergé lui avait arrachée.

Le 24 août, la duchesse d'Orléans accoucha d'un fils qui reçut les noms de Philippe-Albert, comte de Paris.

La même année, le pape Grégoire XVI ayant obtenu du nouvel empereur d'Autriche, Ferdinand, le retrait des troupes qui occupaient les États-Romains, l'occupation française à Ancône prit fin (25 octobre 1838). Cet abandon, accompli sans qu'on eut exigé aucune réforme du souverain pontife, mécontenta l'opinion et décida le Gouvernement à montrer quelque fermeté en face du Mexique et de la République Argentine. Saint-Jean d'Ulloa fut prise le 27 novembre 1838 ; l'île Martin Garcia, le 11 octobre. Rappelons encore l'envoi d'un corps de troupes sur la frontière suisse pour forcer la diète à expulser du territoire de la Confédération le prince Napoléon.

L'année 1838 peu remplie, au point de vue parlementaire, fut fertile en scandales judiciaires : le général Brossard, à la suite d'un procès où Bugeaud lui-même fut compromis, fut condamné, pour concussion, à six mois de prison et 800 francs d'amende ; les actes immoraux et les trafics de l'ancien préfet de police Gisquet, furent énergiquement flétris par le procureur général Plougoulm ; des employés de la Préfecture de la Seine, convaincus d'avoir reçu des pots de vin, furent condamnés sévèrement.

Les vacances parlementaires avaient servi à nouer la coalition destinée à renverser le ministère. Duver-

gier de Hauranne, très conservateur, mais encore
plus parlementaire, et l'un des hommes qui ont le
mieux compris les institutions de l'Angleterre, écrivit
une brochure remarquable : *Des principes du gouvernement représentatif et de leur application.* Cette
publication eut un grand retentissement ; elle provoqua une polémique ardente qui ne fit qu'animer l'o-
pinion publique. Guizot, dans la *Revue française*, avait
d'avance tracé le programme de la coalition en y con-
viant outre le centre droit, le centre gauche (Thiers),
l'extrême gauche (Garnier-Pagès) et l'extrême droite
(Berryer). Le cabinet du 15 avril n'était pas de taille
à résister à ce déploiement de forces : on lui reprochait, avec raison, sa faiblesse, son indécision et surtout le rôle prépondérant qu'il laissait au roi dans la
direction des affaires.

La session de 1838-1839 s'ouvrit le 17 décembre
1838. A la Chambre des députés, Dupin ne fut élu
président qu'au troisième tour, par 185 voix contre
178 à Passy ; à la Chambre des pairs, dans la discussion de l'adresse, Montalembert accusa le Gouvernement de ne pas prêter au roi Léopold un concours
effectif ; Cousin signala les prétentions abusives du
clergé ; Pelet, de la Lozère, blâma l'expulsion du prince
Napoléon, et de Broglie qualifia durement l'évacuation
d'Ancône ; l'adresse fut pourtant votée à une grande
majorité.

La Commission, chargée de rédiger l'adresse à la
Chambre des députés, comptait cinq membres de la

coalition : Thiers, Duvergier de Hauranne, Étienne, Mathieu de la Redorte et Passy ; elle rédigea une réponse au discours du trône qui se terminait ainsi : une administration ferme et habile s'appuyant sur les sentiments généreux, faisant respecter au dehors la dignité du trône, en le couvrant au dedans de sa responsabilité, est le gage du concours que la Chambre a tant à cœur de prêter à la Couronne.

C'était là une adresse d'opposition : c'était le premier échec infligé, par le Parlement, à la politique personnelle de Louis-Philippe. Liadières qualifia la phrase que nous venons de citer de respectueusement violente et d'académiquement révolutionnaire. Guizot qui lui succéda à la tribune, s'attaque personnellement à Molé et termine son discours par les mots de Tacite : *Omnia serviliter pro dominatione.* Ce n'est pas des courtisans que Tacite parlait, s'écrie Molé, c'était des ambitieux. L'effet de cette riposte heureuse fut fugitif ; les coups étaient portés : Molé eut beau déployer un talent oratoire qu'on ne lui soupçonnait pas, il n'obtint au vote final qu'une majorité de 13 voix : 221 contre 208 (20 janvier), et une ordonnance du 2 février prononça la dissolution de la Chambre.

Convoqués deux fois, à dix-huit mois d'intervalle, les électeurs allaient avoir encore à se prononcer sur les prérogatives royales, sur la prétention de Louis-Philippe de toucher à tout, de se mêler de tout, avec ou sans la connivence de ses ministres. « Le roi règne et gouverne », telle était la maxime de Louis-Philippe, et à cet égard son accord avec Molé était complet.

Quelques jours après le vote de l'adresse les ministres avaient donné leur démission, mais Soult n'ayant
pu constituer un cabinet, le roi s'empressa de les rappeler. Ils présidèrent aux élections qui eurent lieu le
2 mars et mirent en usage tous les moyens d'intimi-
dation et de corruption. Deux partis seulement se
trouvaient en présence, les ministériels et les coalisés : ceux-ci firent passer 252 députés contre 207. Le
ministère était vaincu. Louis-Philippe, au lieu de se
soumettre franchement à la volonté du pays, si nettement exprimée, aima mieux constituer une administration intérimaire : de Montebello prenait les affaires étrangères; de Gasparin, l'intérieur; le général
Cubières, la guerre; le baron Tupinier, la marine;
Gauthier, les finances, et Parent, l'instruction publique (31 mars). Ce cabinet d'affaires dura jusqu'au
12 mai. La session s'était ouverte, pour la première
fois, sans que le roi prononçât de discours; le 4 avril,
Passy, du centre gauche, fut élu président par 227
voix contre 195 à Odilon Barrot de la gauche dynastique. Après deux interpellations sur la crise ministérielle, les Chambres attendirent du bon plaisir de la
Couronne la constitution d'un ministère définitif. Cette
solution fut hâtée par une nouvelle insurrection.

CHAPITRE VII

Les doctrines socialistes faisaient de rapides progrès malgré les lois restrictives, peut-être à cause de
ces lois. La *Société des saisons* qui s'était constituée
après la dissolution de la *Société des familles*, excitait
le prolétariat contre « les exploiteurs qui s'engrais-
saient aux dépens du peuple », engageait ses membres à se munir d'armes et de munitions et les exal-
tait par des prédications révolutionnaires.

On publia même quelques feuilles clandestines :
l'*Homme libre*, le *Moniteur républicain* qui faisait l'é-
loge d'Alibaud et prêchait le régicide. La police mit
la main sur quelques membres de la *Société* qui fa-
briquaient des cartouches, mais ne prit pas d'autres
mesures pour prévenir une insurrection imminente.

Le 12 mai, des groupes se formèrent dans les quartiers Saint-Martin et Saint-Denis ; Blanqui, Barbès et
Martin Bernard se mettent à leur tête : le magasin de
l'armurier Lepage est dévalisé ; une colonne conduite

par Barbès se dirige vers le poste du Palais de Justice : le chef du poste, Drouineau, un sergent et trois soldats sont mortellement blessés par les insurgés, les autres sont désarmés, et la colonne marche sur la Préfecture de police. Quelques coups de feu tirés par la garde municipale suffisent à la disperser ; mais Barbès rallie ses hommes, court à l'Hôtel de Ville, en prend possession, sans effusion de sang, et proclame un gouvernement provisoire dont il fait partie avec Blanqui, Martin Bernard, Guignot, Meillard et Nettré.

De l'Hôtel de Ville, Barbès marche contre le poste de la place Saint-Jean qui est occupé, après que sept hommes de garde sur douze ont été frappés par les balles des insurgés.

En même temps une barricade s'élevait rue Grenéta, d'autres rue Bourg-l'Abbé, rue aux Ours, rue Mauconseil, à la pointe Saint-Eustache : la garde municipale les enleva facilement. L'arrivée de deux brigades, sous le commandement de Bugeaud, ôta tout espoir aux insurgés ; ils continuèrent pourtant à tirailler sur la garde municipale et la ligne. A dix heures du soir le feu avait cessé. L'ordre rétabli fut à peine troublé le lendemain par une attaque contre la caserne des Minimes qui fut vigoureusement repoussée, et par la construction d'une barricade rue Saint-Denis. Barbès fut arrêté dès le 12 mai, Martin Bernard et Blanqui quelques jours après. Ce soulèvement n'avait rencontré aucun appui dans la population ; partout elle resta neutre ou hostile.

Cette prise d'armes hâta la solution de la crise ministérielle. Le *Moniteur* du 13 mai annonça la combinaison suivante : Soult, président du Conseil et ministre des affaires étrangères ; Teste, de la justice ; le général Schneider, de la guerre ; l'amiral Duperré, de la marine ; Duchâtel, de l'intérieur ; Cunin-Gridaine, du commerce ; Dufaure, des travaux publics ; Passy, des finances ; Villemain, de l'instruction publique. Passy fut remplacé, comme président de la Chambre, par Sauzet qui obtint 213 voix contre 206 à Thiers.

Soult déclara aux deux Chambres que le nouveau cabinet, qualifié de *Ministère du dévouement*, était solidaire, responsable, partisan de la paix et de l'ordre. Il sollicita un crédit extraordinaire de 1 200 000 fr. pour dépenses secrètes, qu'il obtînt à la majorité de 262 voix contre 71.

En 1839 eut lieu une nouvelle exposition quinquennale où l'on admira surtout les aciers de Jackson, les pianos d'Érard et les chronomètres de Bréguet. 3381 exposants avaient pris part au concours, 805 furent récompensés.

Les développements pris par l'industrie nécessitaient l'extension des voies de communication. La concession des lignes de chemins de fer à des Compagnies n'avait pas donné les résultats attendus ; l'État dut venir en aide aux chemins de fer de Paris à Orléans, de Paris à Rouen et assurer une garantie de 3 pour 100 d'intérêt. Un prêt de 5 millions fut voté au chemin de fer de Paris à Versailles et un crédit de 12 millions pour l'achèvement des canaux. La Chambre eut enfin à voter des crédits supplémentaires pour armer les ports de la Méditerranée et mettre notre flotte sur un pied redoutable. La rivalité du vice-roi d'Égypte, Méhémet-Ali et du sultan Mahmoud donnait une gravité exceptionnelle à la question d'Orient. La paix, si péniblement maintenue dans l'Europe occidentale, était rompue en Asie, et les intérêts de la France dans ces contrées, sa politique séculaire, son influence menacée, semblaient nécessiter une action rapide et décisive.

Méhémet-Ali, né à la Cavale, en Roumélie (1769), avait bravement combattu les Français pendant l'expédition d'Égypte; après leur retraite il aida les pachas turcs à contenir les Mamelucks et, en 1806, il parvint lui-même au gouvernement de l'Égypte et à la dignité de pacha. Menacé par les Mamelucks, instruments des Anglais, il les détruisit par des moyens perfides ou féroces. Il étendit ensuite ses possessions en Syrie, soutint le sultan dans sa lutte contre les Grecs et, comme prix de ses secours, réclama l'hérédité pour le gouvernement d'Égypte et celui de Syrie. La Porte accueillit sa demande pour l'Égypte, mais la repoussa pour la Syrie. La guerre éclata. Les deux armées se rencontrèrent dans la plaine de Nezib : les Turcs furent battus; Ibrahim-Pacha, fils de Méhémet-Ali, remporta le 24 juin 1839 une victoire décisive. Les injonctions du gou-

vernement français l'empêchèrent de recueillir les
fruits de ce succès ; la question orientale était de-
venue une question européenne. Les cinq grandes
puissances avaient prescrit au sultan de ne faire aucune concession sans leur assentiment. Mahmoud
était mort le 50 juin avant d'apprendre le résultat de
la bataille de Nezib. Son fils, Abdul-Medjid, lui succéda : il avait seize ans. Le premier événement de
ce règne fut la trahison de l'amiral Achmet-Pacha
qui livra la flotte ottomane à Méhémet-Ali. Dans cette
situation l'Angleterre, traînant à sa remorque l'Autriche, la Prusse et même la Russie qui dissimulait
ses projets contre la Turquie, ne songeait qu'à humi-
lier la France en portant un coup décisif à son allié
le vice-roi d'Égypte. Tel était l'état de la question
quand la session fut close le 6 août, après le vote de
44 millions pour réparations ou travaux urgents dans
nos ports.

La Chambre des pairs, avant de se séparer, avait à
juger les accusés des 12 et 13 mai. Le 27 juin, parut
devant elle une première catégorie d'insurgés com-
prenant Barbès, Martin Bernard et plusieurs jeunes
gens de 18 à 23 ans. Barbès et Martin Bernard refusèrent le débat contradictoire ; les autres prévenus
discutèrent sans violence les charges qui pesaient sur
eux. Le 15 juillet Barbès fut condamné à mort, Martin Bernard à la déportation, l'un des accusés aux
travaux forcés, deux autres à 15 ans de détention, le
reste à des peines moindres.

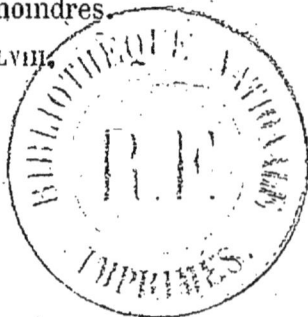

Barbès n'avait cessé de protester contre l'accusation d'avoir assassiné le lieutenant Drouineau; sa condamnation produisit une vive impression. L'opinion se prononça pour une commutation que Louis-hilippe accorda le 17 juillet.

Le 2 août eut lieu l'inauguration solennelle du chemin de fer de Paris à Versailles, sous la présidence du duc d'Orléans; le trajet fut effectué en 29 minutes. Quelques jours plus tard, le 19 août, Arago exposait à l'Académie des sciences la célèbre découverte de Niepce et Daguerre.

En dehors de ces grands événements scientifiques la fin de l'année 1839 s'écoula paisiblement à l'intérieur. En Algérie la lutte continuait. Au mois de mai on planta le drapeau français sur les murs de Djelli, et, l'automne venu, le duc d'Orléans et le maréchal Valée firent la fameuse expédition des *Portes de fer*, (Ouad-Biban) et revinrent le 2 novembre à Alger. Pendant cette expédition Abd-el-Kader prêchait la guerre sainte à l'ouest de notre colonie, faisait envahir et saccager la Metidja, forçait nos troupes à chercher un refuge dans Alger et détruisait tous nos établissements agricoles : le traité de la Tafna donnait ses fruits. Le Gouvernement, à cette nouvelle, porte 'armée d'Afrique à 60 000 hommes; les Arabes sont battus et dispersés sous les murs de Blidah, dans les combats des 14 et 15 décembre; le poste de Mazagran repousse victorieusement une attaque de 3000 Arabes, et le 31 décembre l'infanterie d'Abd-el-

Kader, unie aux soldats des califats de Médéah et de Miliana, était mise en pleine déroute sur la Chiffa.

Le ministère du 12 mai, absorbé par des intérêts secondaires, avait négligé de mettre à exécution les principaux articles du programme de la coalition : la réforme électorale, la modification des lois de septembre et la réduction de la rente. Les coalisés déçus n'attendaient qu'une occasion pour émettre un vote hostile.

La discussion de l'adresse ne souleva pas de violents débats : Garnier Pagès et Odilon Barrot réclamèrent la réforme électorale : Dufaure la promit, mais pour un avenir indéterminé. Thiers prononça sur la question d'Orient un discours-ministre qui fut réfuté par Duchâtel, et l'adresse passa à 213 voix contre 43. L'opinion s'occupait moins de la Chambre, à cette époque, que du comité réformiste formé le 3 octobre 1839 par Laffitte, Dupont de l'Eure, Arago, Martin de Strasbourg, qui voulaient faire accepter un projet de loi ainsi conçu : tout citoyen ayant le droit de faire partie de la garde nationale est électeur ; tout électeur doit être éligible. C'était presque le suffrage universel ; avec une loi ainsi formulée, le chiffre des électeurs eût atteint 5 millions. Odilon Barrot et la gauche dynastique, sans aller aussi loin, voulaient que l'on ajoutât à la liste électorale tous les officiers de la garde nationale et tous les conseillers municipaux, ce qui eût donné près de 600 000 électeurs au lieu de 200 000.

Des banquets réformistes s'organisèrent : le premier eut lieu à La Châtre (Indre), et Michel de Bourges y prononça un discours qui eut un immense retentissement. Le 12 janvier, 300 gardes nationaux, conduits par leurs officiers, se rendirent chez les fondateurs du comité réformiste de Paris pour les remercier du zèle avec lequel ils avaient embrassé la cause de la réforme électorale. La presse ne restait pas en arrière : légitimistes ou républicains, les journaux étaient d'accord pour demander l'extension du suffrage restreint.

La Cour des pairs achevait à peine de juger la seconde catégorie des accusés du 13 mai qu'on appreprenait une nouvelle insurrection ; le chef-lieu de l'Ariége, Foix, en était le théâtre ; la perception d'un nouveau tarif en était la cause ; douze personnes tuées, sans compter les blessés, en étaient les victimes. La cour de Toulouse, faute de charges contre les inculpés, déclara qu'il n'y avait pas lieu à poursuivre, et le gouvernement révoqua le préfet du département. L'héroïque défense de Mazagran, par le capitaine Lelièvre et ses 123 soldats, vint faire diversion à l'émotion provoquée par la sanglante répression de Foix. Durant quatre jours, la petite garnison d'un fortin tint tête à 12 000 Arabes, brûla 40 000 cartouches, repoussa quatre assauts, et tua 600 hommes aux assiégeants. A peine délivrée elle réclamait du biscuit, des cartouches et l'ennemi.

Avant d'aborder la politique, à laquelle la conviait

la proposition Gauguier, la Chambre vota la proposition de Tracy en faveur de l'émancipation des esclaves aux Antilles, fixa l'organisation et la compétence des tribunaux de commerce et accorda une somme de 500 000 francs pour l'érection d'un monument à Molière. Gauguier voulait que les fonctionnaires publics, élus députés, cessassent de recevoir un traitement d'activité pendant les sessions législatives ; les ministres étaient exceptés de cette disposition. Le ministère, comme la majorité de la Chambre, admettait bien qu'il y avait quelque chose à faire ; mais il fit rejeter la proposition en insinuant que son adoption nécessiterait de nouvelles élections. L'Assemblée comptait, en effet, plus de 160 fonctionnaires publics.

Le ministère avait soumis à la Chambre une nouvelle loi *de famille*. On vit se renouveler les protestations, les critiques, les pamphlets qui avaient accueilli les projets de loi sur la liste civile et l'apanage (25 janvier 1840). Le cabinet ne demandait qu'une dotation de 500 000 francs : le rapporteur de la commission, Amilhau, en offrait 200 000. Vingt membres ayant demandé le scrutin secret sur la question de savoir si l'on passerait à la discussion des articles, la loi fut rejetée sans discussion, par 226 voix contre 200. Le ministère se retira, et Thiers, appelé par le roi, constitua un nouveau cabinet. Il prit les affaires étrangères et la présidence du Conseil, confia l'intérieur à Rémusat, la justice et les cultes à Vivien, la guerre à

Despans-Cubières, les finances à Pelet de la Lozère,
la marine au vice-amiral Roussin, les travaux publics
au comte Jaubert, le commerce à Gouin et l'instruction publique à Cousin.

Après la défaite des républicains, les 12 et 13 mai,
on n'avait plus à redouter d'émeutes dans la rue ; les
légitimistes n'étaient pas dangereux si on les conte-
nait avec un peu de fermeté ; les circonstances étaient
donc favorables pour le ministère centre gauche formé
le 1er mars : il avait pour mission de dominer le
trône et d'appliquer dans toute sa rigueur le système
parlementaire. Louis-Philippe ne s'y trompa pas ; il
avait considéré le rejet de la loi de dotation comme
une insulte personnelle. Il accueillit les nouveaux
ministres par ces paroles : « Eh bien ! Messieurs, je
suis contraint de vous subir, de subir mon déshon-
neur... Vous mettez mes enfants sur la paille... Enfin je suis un roi constitutionnel, il faut en passer
par là. »

Le président du conseil, en présentant à la Chambre une demande d'un million de fonds secrets, indi-
qua son programme en quelques mots : étudier la réforme parlementaire, ajourner la réforme électorale,
reviser la portion des lois de septembre relative à la
définition de l'attentat. Les fonds secrets furent accordés, par 246 voix contre 160, malgré l'opposition des
conservateurs ultra, comme Desmousseaux de Givré ;
des radicaux, comme Garnier Pagès ; des légitimistes,
comme Berryer, ou des irréguliers, comme Lamar-

tine, qui releva avec une virulente éloquence ce mot du président du Conseil : Je suis un enfant de la révolution. Odilon Barrot dut venir au secours du cabinet ébranlé dès le début. On vota ensuite des lois d'affaires : le monopole de la Banque de France, qui venait d'expirer, fut maintenu par une loi nouvelle; la réduction de la rente, adoptée encore une fois, fut repoussée par la Chambre des pairs; une loi sur l sucres permit aux fabricants français de soutenir la concurrence étrangère; des subventions, onéreuses pour l'État, furent accordées à plusieurs lignes de chemins de fer; enfin, le budget des dépenses fut arrêté à la somme de 1 115 000 000 de francs. Le 24 avril s'ouvrit la discussion d'une proposition sur les incompatibilités (proposition Remilly) : combattue par Thiers, prise en considération par la Chambre, elle ne reçut aucune suite. Quand il fallut se prononcer sur la réforme parlementaire, le ministère éluda le débat. Thiers ne comprit pas l'urgence de cette réforme qui pouvait prévenir une révolution ; il montra aussi peu de perspicacité quand il demanda à l'Angleterre l'autorisation de ramener, de Sainte-Hélène en France, les restes de Napoléon Ier. L'opinion fut aussi aveugle que le gouvernement : seuls, Glais-Bizoïn et Lamartine virent la gravité de cet acte et en prévirent les conséquences.

Le cabinet Thiers-Rémusat avait déjà quatre mois d'existence et rien n'annonçait qu'il dût faire plus que le cabinet Soult-Dufaure. Nous jouons le même air, disait Thiers, mais nous le jouons mieux. Cette habileté d'exécution ne suffisait pas. La gauche dynastique jusqu'alors *expectante* et *bienveillante* n'allait pas tarder à reconnaître qu'elle avait été jouée.

La session de 1840 se terminait le 15 juillet en pleine paix ; le même jour s'accomplissait à Londres une trahison diplomatique qui pouvait amener une guerre générale.

L'Angleterre et la Russie, par des motifs différents, étaient d'accord pour s'opposer aux agrandissements poursuivis par Méhémét Ali ; la Prusse et l'Autriche étaient toujours sous l'influence des idées qui avaient déterminé la Sainte-Alliance : les quatre puissances s'entendirent pour signer la *Convention de Londres* (15 juillet), qui imposait à Méhémet Ali l'ultimatum suivant : Administration héréditaire du pachalik d'Égypte et viagère du pachalik d'Acre; commandement de Saint-Jean d'Acre et de la partie méridionale de la Syrie ; retrait des troupes égyptiennes de l'Arabie, des villes saintes et de Candie. Faute d'une réponse dans les vingt jours, Méhémet devait perdre le pachalik d'Acre, et dans les trente jours, l'Égypte elle-même. Cet arrangement fut conclu à l'insu de Guizot, notre ambassadeur à Londres ; il ne l'apprit que deux jours après de la bouche de lord Palmerston, et l'annonça immédiatement à son gouvernement. A cette nouvelle, Louis-Philippe manifesta une violente colère, s'emporta contre « les insensés qui voulaient lui faire mettre le bonnet rouge ». Le cabinet était

aussi indigné que le roi ; dès le 29 juillet, trois ordonnances parurent au *Moniteur :* l'une ouvrait un
crédit de 8 120 000 francs pour porter de 150 à 194
bâtiments l'effectif de la flotte ; l'autre, rappelait à
l'activité les soldats disponibles sur la deuxième portion du contingent de 1836 ; la troisième, appelait
sous les drapeaux tous les soldats disponibles de la
classe de 1839. Ces mesures excitèrent un vif enthousiasme dans toute la nation. Paris se porta en foule
à l'inauguration du monument élevé sur la place de
la Bastille aux victimes de juillet.

Quelques jours après, Louis-Philippe quittait Paris,
après avoir assisté au sacre du nouvel archevêque
Mgr Affre, se rendait à Eu, y recevait Soult et Guizot
et décidait avec eux le renversement du ministère
Thiers comme unique moyen de sauvegarder la paix
(6 août).

Le jour même où le roi avait quitté la capitale, la
ville de Boulogne avait vu une seconde édition du coup
de main de Strasbourg. Depuis qu'il avait quitté la
Suisse, le prince Louis-Napoléon vivait à Londres,
d'où il entretenait de nombreuses relations avec la
France, d'où il inspirait plusieurs journaux. Le vote
de la loi sur la translation des cendres de l'empereur,
l'enthousiasme irréfléchi soulevé par cette mesure, le
décidèrent à une nouvelle tentative sur la France. Le
5 août, il s'embarqua sur un vapeur de commerce,
le *Château d'Édimbourg,* avec une soixantaine de partisans ; le lendemain, il débarquait à Wimereux,

marchait sur Boulogne, pénétrait dans la ville, essayait vainement d'enlever un poste de la rue d'Allou et se dirigeait sur la caserne. Les conjurés veulent séduire le capitaine Col-Puygelier ; on le presse, on l'entoure, quelques sous-officiers viennent à son aide et le dégagent ; il revient vers le prince pour l'adjurer de renoncer à son entreprise : Louis-Napoléon riposte par un coup de pistolet qui atteint un grenadier à la figure. Renonçant à détourner les soldats de leur devoir, les conjurés veulent marcher sur la haute ville : les portes en étaient fermées. Il n'y avait plus qu'à fuir ; on se précipite vers le rivage, des gardes nationaux accourent et tous les conjurés sont faits prisonniers. Ils sont conduits à Ham, puis à Paris, et le 28 septembre, Louis-Napoléon comparaît devant la Chambre des Pairs : défendu par Berryer et Ferdinand Barrot, il fut condamné à l'emprisonnement perpétuel ; ses complices à la détention pour cinq, dix ou vingt ans.

L'année 1840 vit les banquets réformistes, alors tolérés par l'autorité, et les coalitions ouvrières, prendre une grande extension : c'est à cette époque que paraissent les *Classes dangereuses*, de Frégier ; l'*Organisation du travail*, de Louis Blanc ; *Le pays et son gouvernement*, de Lamennais. Des écrits des réformateurs les problèmes sociaux faisaient rapidement leur chemin dans le domaine politique. Pourtant le pays légal était loin de soupçonner leur gravité. Dans la séance du 9 mai, à propos d'une loi sur les sucres, Gauguier avait fait mention des *ouvriers*. Sa voix fut

étouffée sous une clameur formidable. « Vous ne voulez pas, dit-il, qu'on vous parle des ouvriers, eh
bien ! chargez vous de leur donner de l'ouvrage. —
Nous sommes chargés, répliqua le président Sauzet, de
faire des lois et non pas de donner de l'ouvrage aux
ouvriers. »

La question des fortifications de Paris abandonnée
depuis 1833 et reprise en 1840 par voie d'ordonnance, souleva les mêmes objections que précédem-
ment et les mêmes craintes à l'étranger. On croyait
la guerre inévitable. Méhémet Ali avait repoussé l'ultimatum des quatre puissances. Un conseil, tenu à
Constantinople le 5 septembre, déclara que la Syrie
ne lui appartenait plus. Le 12, l'amiral Napier vint
bombarder Beyrouth ; le 4 novembre, Saint-Jean d'A-
cre capitula. Ibrahim Pacha n'avait rien fait pour arrêter ces succès.

A Paris, on croyait le gouvernement prêt à agir ;
les ministres voulaient montrer une grande énergie ;
le roi contrecarra leurs desseins, et Thiers qui s'était
montré très ferme dans son memorandum du 2 octobre, adressa, le 8 octobre, à Guizot, une note diplomatique très adoucie, dans laquelle il se plaçait sur
le même terrain que les signataires du traité de Londres. Dès lors sa chute était certaine : l'attentat de
Darmès (15 octobre) la précipita. Le 22 octobre, le
ministère repoussa, à l'unanimité, le projet de discours du trône, et offrit sa démission qui fut acceptée : un nouveau cabinet fut immédiatement consti-

tué. Le ministère du 1ᵉʳ mars, qui s'était formé malgré la royauté abaissée, qui avait vécu malgré la
gauche dynastique amoindrie et humiliée, n'avait
plus un seul point d'appui ; l'opinion publique, douloureusement blessée en apprenant le rappel de la
flotte française, ne lui accorda pas un regret.

CHAPITRE VIII

Le 29 octobre 1840 commence la seconde période
du règne de Louis-Philippe : dès lors l'élément libéral
est complètement exclu des conseils du roi et refoulé
dans l'opposition. Dufaure et Passy, sollicités d'entrer
dans la nouvelle administration ne se montrèrent
pas disposés à sacrifier les libertés intérieures.

Guizot, qui se reportait à 1815, qui croyait la France
incapable de faire face à une nouvelle coalition, voulait la paix à tout prix. Ses collègues pensaient comme
lui. Le premier acte du nouveau ministre de la guerre,
Soult, fut un ordre du jour à l'armée ; il lui recommandait l'obéissance passive quand elle rêvait une revanche de Waterloo. Le cabinet du 29 octobre, que l'on
appela le *Ministère de l'étranger*, était ainsi composé :
Soult, président du conseil ; Martin du Nord, justice
et cultes ; Guizot, affaires étrangères ; Duperré, marine ; Duchâtel, intérieur ; Humann, finances ; Teste,
travaux publics ; Cunin-Gridaine, commerce ; Villemain, instruction publique. Louis-Philippe, qui n'aimait pas Guizot, avait fait céder ses répugnances
personnelles à la nécessité d'avoir un orateur dans

le cabinet. *C'est ma bouche*, disait-il du nouveau ministre des affaires étrangères.

La session s'ouvrit le 5 novembre ; Sauzet fut élu président par 220 voix contre 154 à Odilon Barrot ; dans la discussion de l'adresse, devant la Chambre des pairs, Guizot vanta la paix quand même, la paix « partout et toujours » ; devant les députés il préconisa un système de paix armée pour donner satisfaction aux susceptibilités patriotiques de la Chambre. Personne ne s'y méprit et Thiers trouva le mot de la situation : « Le discours de la Couronne a dit que l'on espérait la paix, il n'a pas dit assez : on est certain de la paix. » Guizot repondit avec vivacité et se justifia, non sans embarras, d'avoir été à Gand au nom des royalistes constitutionnels. Après huit jours de discussion l'adresse fut adoptée par 247 voix contre 161.

La politique intérieure du nouveau cabinet avait été aussi nettement formulée que sa politique étrangère : il ne faut pas se mettre avec la révolution contre l'Europe, dit Guizot, mais avec l'Europe contre la révolution. Cette franchise hautaine et non sans grandeur, annonçait une lutte implacable entre la royauté et la nation : l'enjeu était le trône de Louis-Philippe.

La Chambre réglementa ensuite le travail des enfants dans les manufactures et força les fabricants et manufacturiers à envoyer dans les écoles primaires les enfants de huit à douze ans.

C'est sous le ministère de la paix à tout prix qu'eut lieu la glorification posthume de l'homme qui avait vécu par la guerre et pour la guerre. La translation des cendres aux Invalides s'accomplit le 15 décembre.

Cette année si remplie s'acheva sans autres événements que la nomination de Bugeaud au poste de gouverneur général de l'Algérie et la condamnation de Lamennais a un an de prison et 2000 francs d'amende pour sa brochure sur le *Pays et le Gouvernement*. Le nouveau ministre de la justice, Martin du Nord, avait adressé dès le 6 novembre une circulaire aux procureurs généraux pour leur recommander l'exécution rigoureuse des lois contre la presse. Le *National* fut saisi le 8 novembre et le 16 décembre la *Revue démocratique* fut frappée sévèrement.

Le 10 janvier 1841, Thiers monte à la tribune pour y lire un remarquable rapport sur les fortifications de Paris. Au vote, tous les partis se divisèrent, sauf les légitimistes qui furent unanimes pour repousser la loi; elle n'en fut pas moins adoptée à une grande majorité. Elle passa de même au Sénat malgré l'opposition de Molé (147 voix contre 91).

Les fonds secrets furent votés le 27 février par 235 voix contre 145; la même majorité repoussa deux propositions de la gauche sur les incompatibilités et les fonctionnaires députés. On pouvait tout attendre de la docilité d'une Chambre qui avait soutenu successivement trois ministères d'origines diverses et de tendances fort opposées. Des améliorations furent apportées à la loi d'expropriation pour cause d'utilité publique votée en 1835; on rendit la procédure plus expéditive et on facilita ainsi l'établissement de nouvelles lignes de chemins de fer.

Le procès de la *France* et de M. de Montour, prévenu d'avoir publié dans ce journal trois lettres qu'il attribuait à Louis-Philippe, aboutit à un acquittement (24 avril). La sentence du jury, qui frappait directement le roi, produisit à Paris une agitation inexprimable. Dans la séance législative du 27 mai, Guizot repoussa par quelques mots dédaigneux ce qu'il appelait des faussetés et des calomnies. Le vote de la Chambre laissa subsister tous les doutes. Si les lettres ne furent pas écrites, des instructions conformes à leur texte furent adressées par Louis-Philippe à Talleyrand en 1831 et 1832. Or c'était ce texte que le procureur général Partarieu-Lafosse avait publiquement flétri dans son réquisitoire contre M. de Montour. Les assertions du ministre ne supprimaient ni les commentaires du parquet, ni le verdict du jury, ni le coup porté au roi. Le trône en fut profondément ébranlé.

Le ministère du 29 octobre profita du vote sur les dépenses extraordinaires de 1840 pour laisser diriger de violentes critiques, même des attaques calomnieuses, contre le cabinet du 1er mars. Thiers dut se défendre personnellement d'avoir pris part à des tripotages de Bourse. La vérité c'est que, par défaut de surveillance sinon par malversation, l'avenir était engagé : le découvert pour 1840 était de 170 195 780 fr.; pour 1841, de 242 603 688 francs, et pour 1842, de 114 956 398 francs. Il semblait que l'on dût contracter

un emprunt, mais le ministre des finances, Humann,
se fit fort de trouver des ressources en faisant rendre
à l'impôt tout ce qu'il pouvait donner, et par son ordre on commença un recensement général des propriétés.

A cette discussion du budget manquèrent les critiques autorisées, la parole ardente et courtoise à la
fois de Garnier-Pagès; il succomba le 23 juin à une
maladie de poitrine, dans tout l'éclat de son talent :
il n'avait que 39 ans. Membre de la Société *Aide-toi*
avant 1830, député depuis cette époque, il avait tenu
une grande place dans le parti républicain. Il laissait
un frère qui suivit la même ligne politique avec moins
d'éclat, mais avec autant de conviction et de fermeté.
Plus de 20 000 personnes escortèrent le convoi de
Garnier-Pagès.

Son siège, à la Chambre, fut occupé par Ledru-Rollin, que les électeurs du Mans avaient nommé à
l'unanimité moins 4 voix, après un discours très
avancé; du premier coup Ledru-Rollin se posa en tribun, sans aucun des ménagements que son prédéces-
seur avait su garder.

Appuyé sur une majorité solide à l'intérieur, le ministère n'avait plus rien à redouter au dehors. La
France venait de rentrer dans le concert européen en
apposant sa signature au traité des Détroits, 13 juillet 1841. Le sultan pouvait fermer le Bosphore et les
Dardanelles aux vaisseaux de guerre de toutes les na-
tions. Le pacha d'Égypte avait restitué la flotte otto-

mane et conservé la souveraineté de l'Égypte. Le chiffre du tribut qu'il payait à la Turquie fut réduit à 6 millions.

Pendant les complications de la question d'Orient, on avait perdu de vue les affaires d'Espagne. La reine Christine avait été forcée d'abandonner Madrid et Espartero avait été nommé régent du royaume ; c'était le triomphe des constitutionnels et de l'influence anglaise.

Le recensement opéré par ordre de Humann ne s'accomplit pas sans difficultés ; partout il y eut de graves conflits entre les agents de l'administration et les conseillers municipaux. Des émeutes eurent lieu, plusieurs communes chassèrent les agents du fisc ou les empêchèrent d'opérer. A Toulouse, le conseil municipal protesta énergiquement, tous les habitants fermèrent leur porte et le préfet dut faire suspendre les opérations. Le gouvernement le révoque. Son successeur dissout le conseil municipal et ordonne la reprise des opérations ; la ville se couvre de barricades et le préfet est forcé de prendre la fuite, 15 juillet. Le lendemain, c'est le tour du procureur général Plougoulm. Préfet et procureur sont révoqués pour avoir abandonné leur poste, le général partage leur sort pour avoir manqué de fermeté. Un pair de France, le baron Duval est envoyé comme commissaire extraordinaire du gouvernement à Toulouse, des régiments sont dirigés sur la ville, une commission municipale est installée au Capitole à la place du conseil, la garde nationale est dissoute et le recensement est repris par les agents des contributions escortés de soldats. Bordeaux, Lille, Montpellier, Clermont eurent aussi leurs troubles. A Lyon et à Paris on évita prudemment de procéder au recensement et il fallut recourir à un emprunt de 150 millions, malgré les promesses de Humann.

Ces désordres n'étaient pas faits pour ramener le calme dans les esprits et la tranquillité dans les rues. Au mois de septembre on vit à Paris de nouveaux rassemblements, on entendit chanter la *Marseillaise* et crier *vive la république, à bas Louis-Philippe, à bas Guizot!* Un attentat commis sur le duc d'Aumale, qui rentrait à Paris à la tête du 17ᵉ léger, fut un nouveau témoignage de cette agitation. L'assassin appartenait à une société secrète, les *Nouvelles saisons*, qui s'était formée depuis l'avénement du cabinet du 29 octobre et qui rivalisait de violence et de cynisme avec les *Sections égalitaires*; il se nommait Quenisset et se faisait appeler Papard. Il n'avait pas de complices, mais Guizot qui semblait avoir juré de venir à bout de la presse à force de procès, fit comprendre dans la poursuite le rédacteur du *Journal du peuple*, Dupoty, pour complicité morale : la cour des pairs le condamna à cinq années de détention. Les rédacteurs de seize journaux de Paris et les délégués de la presse départementale protestèrent contre cette monstrueuse sentence et s'engagèrent à ne plus rendre compte des débats de la Chambre des pairs. Les procès intentés à Ledru-Rollin pour son

discours électoral au Mans, et à l'ancienne administration municipale de Toulouse, aboutirent également
à des condamnations ; mais tous les habitants de
Toulouse, accusés de participation aux troubles et ren-
voyés devant la Cour d'assises de Perpignan, furent
acquittés par le jury.

Les conventions de 1831 et 1833 avaient déjà réglé
le droit de visite qui devait susciter de si graves embarras au gouvernement. Le 20 décembre 1841 le
cabinet signa avec l'Angleterre un nouveau traité qui
étendait les zones soumises à la surveillance ; l'émotion fut générale quand on connut les clauses du
traité et tout l'intérêt de la session 1841–1842, ouverte le 27 décembre 1841, porta sur la discussion
du droit de visite. Billault, Dupin s'élevèrent énergiquement contre l'atteinte portée à l'honneur de notre
pavillon, et le gouvernement, pour éviter un échec
certain, dut déclarer que si la décision de la Chambre
lui était contraire, il ne s'engageait pas à en tenir
compte. Cette précaution n'était pas inutile : l'amendement Jacques Lefebvre fut adopté à la presque
unanimité ; il sauvegardait les intérêts de notre commerce et l'indépendance de notre pavillon.

L'adresse fut votée après quelques observations
d'Odilon Barrot sur le rappel de notre ambassadeur
à Madrid, de Salvandy, qui avait refusé de remettre
ses lettres de créance à Espartero. Le gouvernement
français épousait ainsi tous les griefs de Marie-Chris-
tine. Un vote de blâme, proposé par Lestiboudois con-

tre Humann, fut repoussé. C'est dans cette discussion que Martin du Nord, accusé de composer arbitrairement les listes du jury, parla de *jurés probes et libres*. La phrase devint proverbiale pour désigner la servilité et les lâches complaisances.

A la Chambre des pairs, de Montalembert, l'ancien collaborateur de Lamennais, devenu le chef des ultramontains, critiqua avec amertume l'enseignement universitaire qu'il accusa d'impiété et d'immoralité. Villemain défendit mollement l'Université.

On adopta enfin en 1842 une loi sur les grandes lignes de chemins de fer, au moment même où se produisait sur le chemin de fer de Versailles, rive gauche (8 mai), l'épouvantable catastrophe qui coûta la vie à Dumont d'Urville; 350 voyageurs sur 700 furent tués ou blessés.

La loi dite du réseau des chemins de fer fut adoptée le 18 mai par 255 voix contre 83. Elle établissait neuf grandes lignes : six partaient de Paris et se dirigeaient sur la Belgique, la Manche, l'Allemagne, la Méditerranée, l'Espagne et l'Océan (Nantes). Une septième ligne devait gagner le centre de la France par Bourges; une autre devait unir la Méditerranée au Rhin ; une dernière la Méditerranée à l'Océan. Pour l'exécution on combina l'action de l'État, celle des Compagnies et des départements traversés. 120 millions furent accordés pour les premiers travaux.

Le budget voté avec un déficit de 37 millions, la session fut close le 10 juin ; quelques jours après on apprit que le ministère avait obtenu une ordonnance de dissolution ; il n'avait pas pleine confiance dans une majorité souvent douteuse et qui l'avait quelquefois abandonné. Dans le scrutin sur la proposition Ganneron les votes des ministres avaient seuls fait l'appoint de la majorité.

Les élections eurent lieu en juin, la corruption y joua un grand rôle ; le ministère acheta les consciences à bureau ouvert avec des croix, des places, des concessions de chemins de fer. Malgré cette pression beaucoup de collèges renvoyèrent les députés de l'opposition ; Paris nomma 10 opposants sur 12, et parmi eux deux républicains, Carnot et Marie. On parlait déjà de remaniement ministériel quand l'affreux accident du 13 juillet 1842, où le duc d'Orléans trouva la mort, vint à la fois affaiblir la dynastie et fortifier le cabinet. Le duc d'Orléans était une grande force pour Louis-Philippe ; adoré de l'armée, il était populaire dans la nation ; son libéralisme était incontestable ; cette phrase de son testament suffirait à le prouver : *Qu'il soit avant tout*, disait-il en parlant de son fils, *un homme de son temps et de la nation, qu'il soit catholique et serviteur passionné, exclusif, de la France et de la Révolution.*

Les Chambres furent convoquées extraordinairement pour voter une loi de régence qui fut adoptée par 310 voix contre 94, grâce au concours du tiers-parti. L'article 1er portait que le roi était majeur à 18 ans ; l'article 2, qu'en cas de minorité le prince

le plus proche du trône était investi de la régence à
l'âge de 21 ans.

Le duc de Nemours était impopulaire : Lamartine
avait proposé, sans succès, de déférer la régence à
la duchesse d'Orléans ; Duclerc, organe des républicains, soutint que la nation seule était compétente
pour prononcer sur une question de régence. Après
ce vote les Chambres furent prorogées au 9 janvier. La nouvelle Chambre vota avec entrain l'adresse
et les fonds secrets. L'éclat de Lamartine, qui se
sépara des conservateurs *bornes* passa presque inaperçu. La session fut close le 22 juillet, aucun incident ne l'avait signalée. L'année 1843, une des plus
calmes du règne, fut remplie par de grands travaux
d'utilité générale et des travaux de chemins de fer
qui donnèrent l'essor à la prospérité industrielle et
à la fortune publique. Un traité de commerce avec
l'Angleterre ne put aboutir, mais on signa un règle-
ment concernant les pêcheries, une convention pos-
tale et une convention d'extradition. Les bonnes
relations entre les deux pays, rétablies par la chute
de Palmerston, furent confirmées par le voyage de
la reine Victoria à Eu.

En Algérie, un succès important fut obtenu le
16 mai. Abdel-Kader avait perdu la plus grande partie de son infanterie régulière ; sa cavalerie encore
nombreuse refusait toujours le combat, les tribus
soumises à son autorité étaient épuisées. Malgré cet
affaiblissement il restait encore assez puissant pour

détruire, pour promener partout l'assassinat et l'incendie. Il fallut lui faire une guerre d'escarmourche
et 80 000 hommes y furent employés. Les environs
d'Alger furent parcourus par d'innombrables patrouilles; tous les Arabes non pourvus d'un signe
distinctif, indiquant qu'ils s'étaient soumis, furent
faits prisonniers. Bugeaud, Changarnier et Lamoricière parvinrent à force de courage, de patience et
de ruse, à ravitailler Milianah (1841), à battre Abdel-
Kader chez les Beni Zug-zug, au milieu desquels il
avait établi son camp; à détruire la ceinture de postes fortifiés qu'il avait élevés sur la limite du désert
et à surprendre Tedgempt, le siège de ses opérations
militaires, Boghar, le centre de ses approvisionne-
ments, Thasa, une ville élevée par lui. La prise de la
Smala, cette cité flottante de l'émir, couronna ces
opérations. Elle fut enlevée aux sources du Tanguin
par le duc d'Aumale et le colonel Yousouf. Ce succès
fit une vive impression sur l'esprit superstitieux des
indigènes et plusieurs tribus apportèrent leur soumission au gouverneur général.

Pendant les derniers jours de 1843, les journaux
légitimistes avaient annoncé à leurs lecteurs que le
comte de Chambord, en résidence à Londres, rece-
vrait dans son hôtel de Belgrave-Square tous les
Français restés fidèles au malheur et au véritable
culte monarchique. Les légitimistes encore pleins
d'illusions crurent faire un coup de maître; une dame
de haute noblesse, Mme de Crèvecœur parlait d'en-

voyer douze ouvriers de Paris à Belgrave-Square pour
y prendre l'amour du roi et le rapporter au peuple.
Deux ou trois mille personnes et parmi elles Châteaubriand, Fitz-James, Larochejacquelin, Berryer accomplirent ce pélerinage, auquel Louis-Philippe accorda
plus d'importance qu'il n'en méritait. Il serait passé
à peu près inaperçu si le clergé français n'avait
trouvé l'occasion bonne pour réclamer, avec plus
d'insistance que jamais, une loi sur la liberté d'enseignement. L'abbé Vedrine, curé de Lubersac, et le
chanoine Desgarets lancèrent les plus ignobles pamphlets contre l'Université ; celle-ci violemment attaquée riposta par les plumes acérées de deux éloquents
professeurs, Michelet et Quinet ; le *Constitutionnel*
recommença la campagne contre les Jésuites et divulgua le nombre de leurs établissements qui s'était
élevé de 12 à 47 en treize ans. Régulier ou séculier
le clergé, de la base au sommet, devenait chaque
jour plus agressif, plus entreprenant, plus porté au
prosélytisme, plus éloigné des vieilles doctrines gallicanes. Le gouvernement avait laissé grandir ce
mouvement et, au début de la session de 1844, il fut
forcé de préparer un projet de loi sur l'enseignement secondaire. Ce projet supprimait l'autorisation
discrétionnaire donnée par l'État et exigeait des candidats un grade, un brevet spécial d'aptitude et une
déclaration conforme au droit public du pays.

De même que les doctrines catholiques, les idées
républicaines et socialistes faisaient du chemin et

arrivaient au public par deux journaux fondés à cette époque. Flocon, Beaune, Godefroy Cavaignac, Ledru-Rollin figurèrent parmi les inspirateurs ou les rédacteurs de la *Réforme;* Victor Considérant fut le rédacteur en chef de la *Démocratie pacifique;* Cabet, un communiste peu dangereux, fit paraître son *Icarie* qui reproduisait à peu de chose près l'utopie de Thomas Morus et les idées de Mably; Proudhon, écrivain brutal, logique, éloquent, publia sa fameuse brochure : *La propriété c'est le vol,* qui lui valut quelques mois de prison.

Durant la session de 1844 les lois sur les brevets d'invention, sur les patentes et sur la chasse furent modifiées. L'adresse, à la Chambre des pairs, avait été votée sans grande discussion malgré une phrase de blâme contre les démonstrations des factions vaincues. A la Chambre des députés le blâme était une flétrissure. « La conscience publique, disait l'adresse, flétrit de coupables manifestations. » On sait quelles scènes tumultueuses provoqua cette phrase. Guizot resta plus d'une heure à la tribune, calme en apparence, au milieu des huées des légitimistes, des cris de la gauche qui lui jetait au visage son voyage à Gand et termina sa justification par ces paroles restées célèbres : « Quant aux injures, aux calomnies et aux colères intérieures et extérieures, on peut les multiplier, on peut les entasser tant qu'on voudra, on ne les élèvera jamais au-dessus de mon dédain. » L'adresse fut adoptée et les députés ministériels firent graver en l'honneur de Guizot une médaille qui portait ces mots : « On pourra épuiser mes forces, on n'épuisera pas mon courage. »

Le 22 février Villemain déposa son projet de loi sur l'enseignement secondaire ; les petits séminaires, érigés en écoles à la fois privées et publiques, étaient dispensés des dispositions communes ; les directeurs et professeurs étaient dispensés des brevets de capacité, de la surveillance de l'État et de toutes charges financières; 20 000 élèves pouvaient être admis dans ces établissements. Ce projet mécontenta également les universitaires et les cléricaux. Ceux-ci recommencèrent leurs attaques contre l'Université. Cousin surtout fut pris à partie avec une violence inouïe; Damiron, Jouffroy furent également mis en cause. Le projet de loi, au milieu d'innombrables critiques, subit une discussion qui dura plus de deux mois devant la Chambre des pairs. Cousin en supporta tout le poids et se montra le champion ardent, infatigable et éloquent de l'Université et de la philosophie, sans réussir à empêcher l'introduction d'amendements funestes à l'indépendance et à la souveraineté de l'État. Devant la Chambre des députés, Thiers, nommé rapporteur de la Commission, modifia profondément la loi et la discussion en fut ajournée.

Le 26 décembre 1843, le cabinet du 29 octobre déjà modifié par la nomination de Lacave-Laplagne aux finances, et par celles de Roussin puis de Mackau à la marine, le fut encore une fois; Teste, accusé de

honteux trafics, fut remplacé par Dumont à la justice
et aux cultes.

Le 1ᵉʳ mai 1844, jour de la fête du roi, s'ouvrit
l'exposition quinquennale de l'industrie et des beaux-
arts ; elle se prolongea jusqu'à la fin de juillet.

L'un des fondateurs de la monarchie de juillet,
Jacques Laffitte, expira le 26 mai 1844. Ses dernières
paroles politiques méritent d'être recueillies. Le 30
décembre 1843, présidant la Chambre, comme doyen
d'âge, il s'exprimait en ces termes :

« J'ai rappelé à la Chambre sa responsabilité en face
des périls qui nous menacent, de la corruption qui
nous avilit. La Chambre n'a pas voulu me comprendre. Quant à moi, Messieurs, je suis plus près de la
tombe qu'aucun de vous de son berceau ; mais jusqu'à la fin je ferai mon devoir, et mon cœur, je
vous le jure, ne cessera jamais de battre pour la liberté et l'honneur de la France. »

Le ministère, dans la discussion de l'adresse, avait
insisté sur l'*entente cordiale* entre la France et l'Angleterre. Les faits ne tardèrent pas à démentir ces
assertions optimistes.

En 1841, la France s'était emparée de Nossi-Bé ;
l'année suivante, elle avait imposé au roi de Mayotte
le protectorat français ; elle songeait à créer un
établissement dans la Nouvelle-Zélande : l'Angleterre
la devança ; elle alla chercher ailleurs une compensation, et le contre-amiral Dupetit-Thouars signa, avec la
reine Pomaré, le traité de Taïti (septembre 1842) qui

plaçait les îles de la Société sous notre protectorat.
Ces îles étaient habitées par plusieurs prédicants anglais à la fois marchands et missionnaires ; ils engagèrent la reine à enlever, de son palais, le pavillon tricolore : cet outrage décida Dupetit-Thouars à consommer l'occupation de Taïti au nom de la France (5 novembre 1843).

Le roi et le ministère résolurent de désavouer Dupetit-Thouars, pour éviter une affaire avec l'Angleterre. Ce désaveu excita une indignation profonde. Une interpellation eut lieu à la Chambre des députés le 29 février ; Billault justifia le commandant français, et démontra que la reine Pomaré n'avait agi qu'à l'instigation de Pritchard ; Dufaure approuva Billault et Guizot inquiet dut demander le renvoi du vote au lendemain : il sut profiter de ce sursis et obtint un ordre du jour de confiance, voté par 233 voix contre 187. Quelques mois après le gouvernement français exprimait au gouvernement britannique son regret et son improbation de l'emprisonnement de Pritchard et faisait offrir au missionnaire une équitable indemnité (septembre).

Ce n'était pas seulement en Océanie que l'Angleterre combattait notre influence ; nos succès en Afrique ne l'inquiétaient pas moins. Après ses échecs de 1843, Abd-el-Kader s'était réfugié dans le Maroc, où il sut réunir et discipliner une petite armée. A sa tête il faisait de fréquentes incursions sur le territoire français ; le 30 mai 1844, les Marocains eux-mêmes

prirent part à ces incursions que l'empereur ne pouvait ou ne voulait pas réprimer. Lamoricière les repoussa victorieusement. Bugeaud survenant quelques
jours après remporta un nouveau succès, entra dans
Ouchdé et rencontra toute l'armée marocaine au con-
fluent de l'Isly et de la Monnilah. Avec 12 000 hommes, il bat les 40 000 Marocains placés sous le commandement de Mouley Mohamet (12 août), pendant
que le prince de Joinville, à la tête de la flotte, bom-
barde Tanger et Mogador. L'empereur Abder-Rha-
man dut signer la paix (13 septembre). Abd-el-Kader
était mis hors la loi dans toute l'étendue du Maroc.
L'émir sommé de quitter le pays fit une réponse éva-
sive, réussit à gagner du temps et se prépara pour
une nouvelle lutte. Quant à Bugeaud, qui avait signé
le traité de Tanger, avec une déplorable légèreté et
sans prendre aucune garantie pour l'avenir, il fut
fait duc d'Isly. C'est à l'occasion de ce traité que
le *Journal des Débats* écrivit la phrase célèbre : « la
France est assez riche pour payer sa gloire. »

Comme pour proclamer que ces incidents n'a-
vaient pas ébranlé l'entente cordiale, Louis-Philippe
rendit à la reine Victoria la visite qu'il avait reçue à
Eu. Il fut accueilli avec honneur et décoré en grande
pompe de l'ordre de la Jarretière. La reine et le prince
Albert présidèrent à la cérémonie qui eut lieu à
Windsor et fut suivie d'un splendide banquet.

De retour à Paris, le roi apposa sa signature à un
important traité de commerce et d'amitié entre la

France et la Chine. Les chrétiens étaient autorisés à professer publiquement leur religion ; les peines portées contre eux étaient révoquées (15 octobre 1844).

La session de 1845 s'ouvrit le 26 octobre 1844. Sauzet ne fut élu président qu'à une faible majorité, et la position du ministère sembla menacée ; à la Chambre des pairs, Molé, rompant un silence de quatre années, attaqua vigoureusement le cabinet : il critiqua surtout son désir immodéré de la paix, et l'extention donnée au droit de visite ; « vous faites, dit-il au ministre, une politique *partout et toujours à outrance*, même dans les faiblesses. » Guizot dut s'engager à recourir à d'autres moyens pour réprimer la traite. Aux attaques personnelles de Molé il répondit en accusant son adversaire de diviser le parti conservateur et 114 voix contre 38 assurèrent son triomphe. A la Chambre des députés, le ministre des affaires étrangères eut à lutter contre un adversaire plus redoutable : Thiers se montra, une fois de plus, un admirable orateur d'opposition ; il prouva que l'affaire du Maroc se liait à l'affaire de Taïti ; il déclara que l'indemnité non exigée d'Abder Rhaman, devait s'ajouter au compte de Pritchard. Guizot répondit par des arguments captieux, niant la relation entre l'affaire du Maroc et celle de Taïti et esquivant les difficultés à force de rhétorique. Billault renouvela ses éloquentes apostrophes qui répondaient au sentiment général du pays. Un amendement de Malleville, hostile au ministère, ne fut écarté, par assis et levé, qu'après une épreuve douteuse. L'amendement Billault, qui tendait à refuser l'indemnité Pritchard, ne fut repoussé qu'à 8 voix de majorité, 213 contre 205 : neuf ministres avaieut pris part au scrutin. Après ce vote, Guizot voulait se retirer; il ne céda qu'aux instances du roi et de Duchâtel, acceptant et couvrant ainsi une nouvelle atteinte aux prérogatives parlementaires. Le nom de *Pritchardistes* demeura comme une flétrissure attachée à tous ceux qui avaient voté pour le cabinet.

Le vote des fonds secrets raffermit médiocrement le cabinet; il n'obtint que 229 voix contre 205, et dut faire quelques concessions à l'opinion. La loi sur l'enseignement secondaire fut ajournée, des négociations entamées avec la cour de Rome aboutirent à la soumission apparente des Jésuites; un projet de loi sur les prisons fut retiré; le scrutin public par division fut admis sur la demande de Duvergier de Hauranne, mais les propositions de réforme électorale et parlementaire n'eurent pas plus de succès que les années précédentes.

Au milieu de ces incidents de la politique parlementaire, l'industrie et la science poursuivaient leur marche, signalée chaque jour par de nouveaux progrès. Le 2 avril eut lieu sur la ligne ferrée de Paris à Rouen, une expérience décisive de télégraphie électrique. La question des fortifications ramena l'attention à la politique : beaucoup de gens s'obstinaient à voir dans les forts, surtout dans celui de Vincennes, de véritables menaces à la la liberté ; les pétitions se multipliaient, et quand Soult demanda 17 000 000 pour le matériel de guerre l'inquiétude devint générale. La Chambre n'accorda que 14 millions et avec cette réserve que le matériel de guerre serait transporté à Bourges. Une loi sur le régime colonial qui posait en principe l'émancipation des noirs fut adoptée sans difficulté et la session fut close. On ne parlait partout que de la dissolution de la Chambre, déconsidérée depuis l'affaire Pritchard et incapable d'atteindre le terme de son existence légale.

Signalons encore le remplacement de Villemain par Salvandy, qui fut une des conséquences indirectes de la lutte entreprise par le clergé contre l'État et ses représentants. L'interpellation de Thiers (2 mai) fut suivie de l'adoption d'un ordre du jour ainsi conçu : « La Chambre, se reposant sur le Gouvernement de faire exécuter les lois de l'État, passe à l'ordre du jour. » C'est après ce vote que le pape, sollicité par le gouvernement français, obtint des Jésuites qu'ils se sépareraient. Ils fermèrent avec éclat quelques-unes de leurs maisons, mais sans abandonner ni leurs projets ni leur clientèle. L'opinion, même parmi les catholiques, malgré les menaces de Montalembert et les mandements épiscopaux, accueillit cette solution sans protester.

La mort de Godefroy Cavaignac, emporté à quarante-cinq ans par une maladie de poitrine, le 5 mai, attira l'attention sur son frère, Eugène Cavaignac, l'un des plus brillants officiers de l'armée d'Afrique, qui devint l'espoir du parti républicain. C'est pendant les vacances qui suivirent la clôture de cette session (21 juillet) que Guizot adressa à ses électeurs de Saint-Pierre-sur-Dives et de Mezidon un discours resté célèbre : il y divulguait tout son système électoral, et après une énumération des églises réparées, des presbytères construits, des écoles élevées, des faveurs accordées, terminait par cette apostrophe naïve : « Vous sentez-vous des hommes corrompus ? »

Le ministre de l'instruction publique, de Salvandy, alimenta aussi la polémique de l'opposition, par l'ordonnance qui enlevait l'inamovibilité aux membres du Conseil supérieur et par une censure du cours de Quinet, qui força l'éminent professeur à donner sa démission.

Les victoires de 1844 n'avaient pas mis fin à la guerre d'Afrique ; Ab-el-Kader continuait de séjourner au Maroc, et de toute l'Algérie on se rendait en pèlerinage auprès de l'émir. Ce concours de visiteurs lui rendit le désir et la force de reprendre la lutte ; il prêcha la guerre sainte par ses émissaires qu'il envoya fomenter la révolte jusqu'en Kabylie. Bugeaud lance de tous côtés des colonnes expéditionnaires ; l'une d'elles, sous le commandement de Pélissier, opérait sur le bas Chéliff : elle pénétra au cœur de la tribu des Ouled-Rhias, qui se réfugia, en grande partie, dans une de ces grottes profondes dont l'accès était impossible à la cavalerie. Sommés de se rendre, les Ouled-Rhias déclarent qu'ils le feront si les assiégeants s'éloignent. Le colonel Pélissier fait accumuler des fascines à l'entrée de la gorge, on met le feu ; flammes et fumée, alimentées par un vent violent, pénétraient jusqu'au cœur de la grotte ; au bout de deux jours les Français purent y entrer : ils y trouvèrent plus de 800 cadavres.

A la nouvelle de cette odieuse répression les tribus frappées d'épouvante se soumirent en grand nombre.

Le général Cavaignac, chargé de défendre le cercle de Tlemcen contre Abd-el-Kader, vengeait l'échec du lieutenant-colonel Montagnac, arrêtait l'émir sur la Tafna, avec l'aide de Lamoricière, et le forçait à se replier vers le Sud.

La France combattit encore dans des parages éloignés pendant l'année 1845 ; de concert avec le capitaine anglais Fierock, l'amiral Romain-Desfossés battit les Hovas de Madagascar qui voulaient chasser tous les blancs de Tamatava.

A Buenos-Ayres et dans l'Uruguay, d'autres combats furent livrés par les deux marines coalisées. Mais ces expéditions lointaines et à peu près stériles, ces grands moyens, pour arriver à des résultats médiocres, laissaient l'opinion assez indifférente. La question des mariages espagnols provoqua un tout autre intérêt. Louis-Philippe rêvait d'unir le duc de Montpensier à la sœur de la reine Isabelle, dona Luisa. Il fit part de ce projet à la reine Victoria, pendant son deuxième voyage à Eu, et Lord Aberdeen, qui avait accompagné sa souveraine, donna son adhésion à ce mariage, à la condition qu'il ne s'effectuerait qu'après celui d'Isabelle. La négociation, commencée à Eu, devait se poursuivre plus tard et amener sinon une rupture au moins un refroidissement sensible entre les deux cours alors si unies.

L'adresse de 1846 fut votée sans autre opposition que les plaintes formulées par Lherbette et Gauthier de Rumilly contre les abus de l'agiotage et l'immixtion des fonctionnaires publics dans les compagnies de chemins de fer. Depuis la dernière session quatre-vingts compagnies s'étaient constituées au capital de 9 milliards 51 millions et avaient demandé au public un premier versement de près d'un milliard. L'opposition ne réussit pas à introduire dans l'adresse un amendement qui blâmait ces exagérations. La gauche ne fut pas plus heureuse dans ses attaques contre les innovations de Salvandy.

La France s'émut encore une fois à la nouvelle des massacres de la Gallicie et de l'insurrection des provinces polonaises soulevées contre l'Autriche et la Prusse. Des souscriptions s'ouvrirent, des comités se formèrent; la chute de Cracovie refroidit cet enthousiasme. Cracovie restée indépendante depuis 1815, perdit définitivement sa nationalité malgré les timides réserves de Guizot et les énergiques objurgations de Palmerston.

Le traité de commerce conclu avec la Belgique, le

13 décembre 1845, et sur lequel le cabinet fournit des explications aux Chambres, dans la session de 1846, était un premier pas dans la voie du libre-échange.

La question des incompatibilités se représenta de nouveau, portée à la tribune par Rémusat; la Chambre de 1846 comptait 184 fonctionnaires; parmi eux, 144 votaient avec le ministère; si l'on retranche ce chiffre des 232 voix qui repoussèrent la proposition Thiers-Rémusat, on constate que la majorité ministérielle, se réduit à une centaine de voix indépendantes, était en réalité une minorité; le régime parlementaire était absolument faussé.

Après le vote, à la presque unanimité, de plusieurs projets de lois sur les canaux, les chemins de fer, le matériel de la flotte auquel on alloua 93 millions, la session fut close le 3 juillet; les nouvelles élections furent fixées au 1er août et les Chambres convoquées pour le 19 du même mois.

L'année 1846 eut son contingent d'attentats aux jours du roi : le 16 avril, à Fontainebleau, un ancien garde des eaux et forêts, récemment destitué, Lecomte, tira deux coups de fusil sur la voiture royale sans atteindre personne; il fut exécuté le 8 juin. Le 29 juillet, Joseph Henri tira deux coups de pistolet sur le roi qui paraissait au balcon des Tuileries pour entendre le concert donné dans le jardin; Henri ne fut condamné qu'aux travaux forcés. On éprouvait des doutes sur son état mental.

Citons encore un incident qui passa à peu près inaperçu : le 25 mai le prince Louis-Napoléon parvint à s'évader du fort de Ham.

On a prétendu que le roi avait favorisé sa fuite. Il n'en est rien. « Vous plaidez bien chaleureusement la cause de ce fou, disait Louis-Philippe à Odilon Barrot, qui sollicitait sa mise en liberté ; son oncle a traité bien plus cruellement mon cousin, le duc d'Enghien, qui était bien loin d'être aussi coupable. Quelles raisons avez-vous donc de vous intéresser autant à lui ? — Pas d'autre, sire, que l'intérêt que je porte à l'honneur de votre règne ; l'occasion se présente d'écraser ce prétendant sous votre générosité ; il me paraît bon de la saisir. » — Louis-Philippe avait raison contre son ancien préfet. Le prétendant s'est chargé de justifier les défiances du roi.

Les élections de 1846 furent un triomphe pour le Gouvernement : l'opposition, qui n'allait pourtant pas au delà des revendications du tiers-parti, perdit cinquante-cinq sièges ; les conservateurs-bornes revinrent plus puissants et plus nombreux.

Guizot enivré de ce succès prononça son discours de Lisieux qui déclarait la politique conservatrice seule capable d'assurer l'ordre et la paix, mais qui promettait le progrès sans secousse et les satisfactions légitimes. Si quelques-uns se laissèrent prendre à ces promesses, ils ne tardèrent pas à reconnaître que Guizot restait le chef des conservateurs égoïstes et poltrons.

A la rentrée des Chambres l'adresse fut rédigée et

votée sans qu'aucune question politique fut abordée; faute d'aliment le public se jeta avidement sur la question industrielle. Une association libre-échangiste venait de se fonder à Paris : Adolphe Blanqui, Michel Chevalier, Wolowski, Bastiat étaient ses principaux membres; comme Cobden ils voulaient faire triompher la doctrine du *laissez faire, laissez passer*, ils voulaient détruire ou transformer notre régime douanier et ils affichaient cette prétention en face d'un gouvernement qui n'avait d'autre politique que le *statu quo*. Bordeaux comme Paris se prononça énergiquement pour le libre-échange. Ces manifestations amenèrent la formation d'une *Société pour la protection du travail national* qui provoqua des manifestations contraires en faveur de la protection. Les Conseils généraux témoignèrent les plus vives appréhensions; le gouvernement s'abstint prudemment et le mouvement libre-échangiste tomba peu à peu. Le voyage de Cobden en France fut impuissant à triompher de la routine et des intérêts alarmés par la perpective de la concurrence.

Pendant que la France restait l'esclave des préjugés, l'Angleterre s'engageait plus avant dans les voies du libéralisme, et depuis la chute de Robert Peel, le cabinet de Russell, Grey et Palmerston se posait en Europe comme le représentant des idées nouvelles. Louis-Philippe voyant chanceler l'entente cordiale en était réduit à se rapprocher de l'Autriche et de la Russie, au grand détriment de sa popularité.

La situation de l'Europe était alors fort critique. En Italie Grégoire XVI hostile à toute réforme venait de mourir. Les États Romains n'avaient pas attendu cet événement pour demander à être soustraits à une théocratie tour-à-tour tracassière et violente. Le cardinal Ferreti, évêque d'Imola, fut élu après deux jours de conclave, 17 juin 1846; il prit le nom de Pie IX. Son premier acte fut l'octroi d'une large amnistie qui semblait annoncer un meilleur avenir aux États Romains.

La Suisse n'était pas moins agitée que l'Italie. Une alliance défensive s'y était formée entre les cantons catholiques, sous le nom de *Sonderbund;* le canton de Thurgovie, uni aux sept cantons qui formaient *le Concordat de sûreté,* réclama la dissolution du *Sonderbund,* et des corps francs s'organisèrent pour lutter contre les cantons catholiques, mais ces forces mal disciplinées furent aisément dispersées.

Mêmes luttes sur plusieurs points de l'Allemagne et nouvelle révolution dans le Portugal où les constitutionnels furent écrasés par les conservateurs.

C'est dans ces conditions, qui créaient à son gouvernement de véritables difficultés, que Louis-Philippe se jeta dans l'intrigue des mariages espagnols. Après de longues hésitations et l'échec du prince de Cobourg, appuyé par Palmerston, il fut décidé qu'Isabelle épouserait le duc de Cadix et l'infante sa sœur le duc de Montpensier. Le 10 octobre les deux mariages furent célébrés et Palmerston dénonça cette double union comme une violation flagrante du traité d'Utrecht. L'*entente cordiale* n'existait plus.

Pendant que la situation s'assombrissait à l'extérieur, elle devenait inopinément très grave à l'intérieur par suite d'une récolte insuffisante et d'une maladie de la pomme de terre. Ce double fléau dont on signala les débuts en 1845, ne fit que s'aggraver en 1846; une terrible inondation de la Loire augmenta encore la misère. Le gouvernement dut interdire l'exportation des céréales, admettre les importations en franchise et faire des achats considérables à l'étranger. Les Conseils municipaux durent suspendre les droits d'octroi sur les farines. Dès le mois d'octobre, la cherté des subsistances et le manque de travail provoquèrent des rassemblements tumultueux dans le faubourg Saint-Antoine.

L'année 1846 s'achevait au milieu de ces angoisses et de l'émotion produite en France par la nouvelle qu'Ab-del-Kader avait fait massacrer trois cents prisonniers français. Au début de l'année suivante, le 15 janvier, à Buzançais, les paysans affamés pillaient plusieurs maisons et assassinaient un propriétaire. Mêmes scènes à Belabre et dans les départements d'Indre-et-Loire, d'Ille-et-Vilaine, de la Mayenne, de la Meurthe et de la Sarthe. Il fallut mettre sur pied des colonnes mobiles pour protéger les convois sur les grandes routes et opérer d'innombrables arrestations. C'est au milieu de cette misère, de la hausse continue des blés et d'une crise monétaire des plus graves, que s'ouvrait la session parlementaire. Le gouvernement se trouvait en présence de la Chambre la plus dévouée qu'il eût jamais rencontrée. Il lui eût été facile d'entrer dans la voie du progrès sage et modéré : Guizot infatué n'y songea pas un instant. Dans la discussion de l'adresse, Thiers critiqua les mariages espagnols qui nous avaient aliéné l'Angleterre sans compensation sérieuse et reprocha à Guizot de favoriser les Jésuites en Suisse, Metternich en Italie. La rédaction adoptée par le gouvernement n'en fut pas moins votée par 248 voix contre 84. Le gouvernement, pour conjurer la crise financière, vendit au cours moyen du 11 mars, 115 fr. 75, 50 millions de rente en numéraire à l'empereur de Russie et emprunta 250 millions 3 p. 100 à 75 fr. 55.

Les accusés de Buzançais, cités devant la cour d'assises de Loir-et-Cher, furent sévèrement châtiés; cinq furent condamnés à la peine capitale et exécutés, beaucoup d'autres aux travaux forcés.

La question de réforme électorale soulevée par une brochure de Duvergier de Hauranne se posa devant la Chambre, le lendemain du jour où les députés venaient d'élever à la vice-présidence, de Malleville, élu par 178 voix contre 175 au candidat de Guizot. De Malleville remplaçait Hébert nommé ministre de la justice après la mort de Martin du Nord. Ce résultat n'avait été obtenu que parce qu'un certain nombre de conservateurs progressistes commençaient à se séparer des conservateurs-bornes. Quant la proposition Duvergier vint en discussion, Guizot traita ces déserteurs avec un dédain suprême et obtint encore une majorité de 90 voix sur 400 votants. La proposition Rémusat, sur les fonctionnaires publics, ne réunit que 170 voix contre 249. Dans le vote des fonds secrets un conservateur sincère, Desmousseaux de Givré, reprocha au gouvernement de répondre à toute demande de réforme par le mot fatal : *rien, rien, rien,* dont l'opposition s'empara et que Girardin choisit comme épigraphe du journal *la Presse.* L'ondoyant polémiste marchait alors avec l'opposition contre le ministère.

CHAPITRE IX

En septembre 1847 Soult se retira par lassitude et
le roi lui accorda le titre de maréchal-général qui
n'avait été porté jusqu'alors que par Turenne, Vil-
lars et le maréchal de Saxe. En pleine session,
8 mai, le cabinet avait subi une autre modification : Lacave-Laplagne qui blâmait les prodigalités
de ses collègues, Mollines de Saint-Yon, peu capable,
et de Mackau, trop soumis aux influences princières,
furent remplacés par Jayr, Trezel et de Montebello,
choisis en dehors du Parlement, et qui n'apportaient
aucune force nouvelle au ministère. Guizot avait
remplacé le maréchal comme président du conseil.
Le prestige du gouvernement allait toujours s'affai-
blissant au milieu de l'effroyable corruption attestée
par des scandales publics et des procès retentissants.
Au commencement de 1846 cinq employés de la marine, de Rochefort, furent condamnés pour malversa-
tions. A la manutention de Paris se commettaient

impunément des fraudes aussi criminelles. Joinville et Boissy d'Anglas, intendants militaires, furent compromis dans cette affaire avec un sieur Régnier. Un député de Quimperlé, Drouillard, un conseiller général de la Creuse, Boutmy, furent accusés d'avoir acheté les suffrages auxquels ils devaient leur élection. Enfin, Émile de Girardin fournit la preuve de faits de corruption qui impliquait la complicité du ministère. Un journal à scandale, l'*Époque*, avait été créé par le cabinet pour défendre la politique du 29 octobre ; quand cette feuille devint compromettante, on supprima sa subvention ; Girardin l'acheta et trouva dans ses archives des faits accablants pour le ministère. Il divulgua que le privilège du troisième théâtre lyrique avait été accordé à un candidat de l'*Époque* moyennant 100 000 francs ; que Granier de Cassagnac, directeur de ce journal, s'était fait fort, moyennant 1 200 000 francs, de faire déposer par le ministre de l'intérieur un projet de loi favorable aux maîtres de poste ; qu'on avait traité d'un siège à la Chambre des pairs moyennant 80 000 francs, etc., etc. Le ministère ne répondant rien à ces révélations, Girardin se fit citer à la barre de la pairie, sur la demande d'un de ses amis, Lestiboudois. Quand la Chambre des députés eut à se prononcer sur la citation lancée contre un de ses membres, Guizot au lieu de se justifier ne chercha qu'à accabler son adversaire ; celui-ci avait fait en 1838 ce qu'il reprochait au gouvernement, il avait cessé son opposition contre promesse de la pairie pour le général Ernest de Girardin. La Chambre accorda l'autorisation demandée : Girardin comparut le 22 juin devant les Pairs et ceux-ci prononcèrent un verdict d'acquittement. Quand il sollicita de la Chambre des députés une enquête contradictoire, la majorité, sur la proposition de de Morny, refusa par 223 voix de faire la lumière. Peu de temps après deux anciens ministres, Teste et Despans-Cubières étaient directement compromis dans l'affaire des mines de sel gemme de Gouhenans. Le conseil des ministres fut forcé d'ordonner des poursuites judiciaires. La Chambre des pairs se prononça le 17 juillet. Despans-Cubières, acquitté sur le fait d'escroquerie, fut condamné pour corruption d'un fonctionnaire public à la dégradation civique et à 10 000 francs d'amende ; Teste à 94 000 francs d'amende, à 3 ans de prison et à la dégradation civique.

L'émotion produite par cette condamnation était à peine calmée, qu'on apprenait l'assassinat de la duchesse de Praslin, fille de Sebastiani, par son mari le duc de Choiseul Praslin, pair de France depuis 1845. L'assassin échappa à une condamnation capitale par un suicide.

A quelques jours de là, le comte de Bresson, ambassadeur de France à Naples, se coupait la gorge avec un rasoir.

En présence de ces scandales, l'opposition, convaincue qu'il n'y avait rien à attendre du cabinet, chercha ses appuis dans l'opinion et entama en faveur de la réforme électorale une croisade restée célèbre.

La gauche dynastique rédigea une pétition qui demandait la révision de la loi de 1831 et organisa un grand banquet réformiste. Il eut lieu le 10 juillet, au Château-Rouge : de Lasteyrie, qui le présidait, l'ouvrit par un toast à la souveraineté nationale ; Recurt, Duvergier de Hauranne y prirent la parole et firent des vœux pour une réforme pacifique. D'autres banquets eurent lieu à Colmar, Pontoise, Reims, Strasbourg, Saint-Quentin. Le mouvement se généralisant, on assista à une agitation légale rappelant celle qui avait précédé l'élection aux États-Généraux de 89 ; partout on rapprochait cette date de celle de 1830 et on réclamait une application plus libérale de la charte. A Mâcon, Lamartine se prononça en faveur du suffrage universel, et fit appel « à la révolution de la conscience publique, à la révolution du mépris ». A Lille, Ledru-Rollin réclama également le suffrage universel. A Dijon, le banquet fut présidé par Étienne Arago. A Lyon, on put voir s'accuser la dissidence entre les constitutionnels qui voulaient transiger en abaissant le cens à 100 francs et les radicaux qui réclamaient le suffrage universel.

Pendant que la campagne réformiste prenait ces proportions inquiétantes, l'armée française remportait en Afrique des succès qui jetaient une dernière gloire sur le règne de Louis-Philippe. Le 19 avril, le schérif Bou-Maza fit sa soumission. Après une expédition heureuse dans la petite Kabylie, Bugeaud quitta l'Algérie entièrement pacifiée. Sous l'administration du duc d'Aumale, qui le remplaça comme gouverneur, Lamoricière reçut au marabout de Sidi–Ibrahim la soumission d'Ab–el–Kader lui-même. On viola les engagements pris par Lamoricière envers l'émir, et au lieu de le diriger sur Alexandrie, on le conduisit à Toulon où on l'enferma.

L'année se termina par un douloureux événement : la princesse Adélaïde d'Orléans, mariée secrètement au général Athalin, expira le 31 décembre. On a dit qu'en la perdant Louis-Philippe avait perdu son bon génie.

Le 28 décembre 1847 Louis-Philippe en ouvrant la dernière session de son règne prononçait ces paroles : « Au milieu de l'agitation que fomentent les « passions ennemies ou aveugles une conviction m'a- « nime et me soutient : c'est que nous possédons « dans la monarchie constitutionnelle, dans l'union « des grands pouvoirs de l'État, les moyens les plus « assurés de surmonter tous ces obstacles et de satis- « faire à tous les intérêts moraux et matériels de notre « chère patrie. » Ces déclarations maladroites, presque menaçantes, furent accueillies avec une froideur glaciale, que de rares applaudissements rendirent encore plus sensible.

Tout l'intérêt de la discussion de l'adresse se concentra, dans la Chambre des députés, sur le paragraphe qui devait répondre à cette phrase. Duvergier de Hauranne affirma du haut de la tribune que les banquets étaient légaux et qu'il désobéirait aux arrêtés de police qui tendraient à les interdire ; de Malleville se prononça également en faveur du droit de réunion; Crémieux protesta contre les mots *aveugles et ennemis* du discours du trône. Duchâtel répondit, au nom du ministère, que l'interdiction des banquets était légale. Odilon Barrot riposta qu'en les interdisant on aboutirait à une révolution ou à un coup d'État. Malgré l'intervention de Ledru-Rollin et de Lamartine, l'adresse fut votée par 244 voix ; l'opposition s'abstint.

Les réformistes du XIIe arrondissement avaient préparé un banquet pour le 19 janvier et averti le préfet de police de leur intention. Ce magistrat répondit aux commissaires qu'il n'autorisait pas le banquet. On lui répliqua qu'on regardait sa sommation comme un acte de pur arbitraire et de nul effet. L'opposition décida qu'elle assisterait au banquet. Les Écoles vivement émues de la suppression des cours de Quinet, Mikievictz et Michelet, firent cause commune avec les réformistes.

La garde nationale, de tout temps hostile au ministère du 29 octobre, ne resta pas en arrière. Les commissaires du banquet annoncèrent qu'il aurait lieu le 22 février, dans la rue du Chemin de Versailles, aux Champs-Élysées. Pendant ces préparatifs, le Gouvernement dirigeait des régiments sur Paris et faisait étudier par les officiers des emplacements de combat. La presse ministérielle poussait à la résistance à outrance. Le roi s'applaudissait et plaisantait gaiement à la pensée que l'opposition serait forcée de reculer.

Ce n'était pas les députés qui l'approchaient, ce n'était pas les *satisfaits* qui pouvaient l'éclairer.

La direction du mouvement pouvait rester aux mains du parti constitutionnel : un accord tardif entre Vitet et de Morny pour le ministère, Odilon Barrot et Duvergier de Hauranne pour l'opposition, rendait possible une solution pacifique. Une nouvelle proclamation du préfet de police vint tout compromettre en interdisant formellement le banquet; dès lors, ce n'est plus l'opposition dynastique, c'est l'opposition radicale et extra-parlementaire qui va tenir tête au Gouvernement.

Le 22 février au matin, par un ciel sombre, une foule pressée suivait les boulevards, la rue Saint-Honoré et les quais; elle se dirigeait vers la place de la Concorde. Les étudiants, réunis sur la place du Panthéon, traversaient tout Paris en chantant la *Marseillaise* et débouchaient par la rue Duphot, sur la place de la Madeleine; de là, ils marchent vers la Chambre des députés : un peloton de municipaux qui barrait le pont laisse passer la colonne; la grille du Palais-Bourbon est franchie, les couloirs sont envahis. Un escadron de dragons sort de la caserne du quai d'Orsay; il est accueilli aux cris de : Vivent les dragons ! Un bataillon de ligne le rejoint, deux pièces d'artillerie sont placées rue de Bourgogne; les deux extrémités du pont de la Concorde sont solidement occupées. Les députés peuvent entrer en séance et discuter au milieu de préoccupations croissantes un projet de loi sur la banque de Bordeaux. La foule sans cesse refoulée par des patrouilles de municipaux, revenait sans cesse plus nombreuse sur la place de la Concorde, dans la rue Royale et les Champs-Élysées. La place fut enfin dégagée. A la Chambre, Odilon Barrot dépose sur le bureau du président Sauzet un acte d'accusation contre le ministère; en ce moment la porte des Champs-Élysées était attaquée à coups de pierres, les grilles du ministère de la marine et de l'église de l'Assomption étaient arrachées, des barricades s'élevaient aux Champs-Élysées, dans les rues Saint-Honoré et Rivoli, des boutiques d'armuriers étaient défoncées et un formidable mouvement se préparait dans le quartier Saint-Martin. Le soir venu tout paraissait tranquille; quais, places, carrefours étaient occupés par la troupe; l'insurrection semblait vaincue sans combat.

Pendant la nuit, le pâté de maisons formé par les rues Beaubourg et Transnonain, du cloître Saint-Méry devint le centre d'action des insurgés, pendant que le Carrousel et les Tuileries étaient transformés en une véritable citadelle.

Le mercredi, la foule, au lieu de s'attaquer aux grosses masses armées, enlève les petits postes, enfonce les boutiques d'armuriers, harcèle la troupe, lui fait une guerre d'escarmouches; partout se dressent des barricades; démolies par le canon, elles sont aussitôt relevées.

Dans la journée du mardi, la garde nationale qui

voulait la réforme et la chute du ministère Guizot, mais sans moyens violents, avait essayé de maintenir l'ordre dans les rues. Le lendemain, elle se pose comme médiatrice entre le peuple et le Gouvernement, arrête les fourgons d'artillerie, empêche les escadrons de cuirassiers de charger; partout elle est accueillie aux cris de : « Vive la réforme! A bas Guizot! » Dans l'armée, laissée debout au milieu de Paris, depuis vingt-quatre heures, peu à peu la colère s'émoussait, la discipline se relâchait, on fraternisait avec le peuple.

L'attitude de la garde nationale désarmait le ministère : il offrit sa démission. A la Chambre, Guizot interpellé par Vavin refuse le débat; l'opposition éclate en murmures : « Le roi, reprend le ministre, en vertu de sa prérogative, vient de faire appeler M. le comte Molé, pour le charger de former un nouveau cabinet. » Les bravos éclatent aux deux extrémités de la salle; les centres accusent le ministre de lâcheté et de trahison. Le Corps législatif se vide en un clin d'œil et tout Paris apprend que le cabinet du 29 octobre a vécu.

Dans une première entrevue avec le roi, Molé ne parvint pas à lui arracher la moindre concession. Louis-Philippe consentait à changer les hommes; le système devait rester immuable. Le roi et son entourage se faisaient encore les plus étranges illusions. La veille, dans les couloirs de la Chambre, Bugeaud interpellait insolemment les membres de l'opposition : « Ah! Messieurs les libéraux vous voulez engager l'action, eh bien commencez et nous vous donnerons une bonne leçon !» — « C'est une tempête dans un verre d'eau », disait Louis-Philippe, et il répéta plusieurs fois : « pour faire une révolution, il leur manque un duc d'Orléans. »

Le soir, Paris tout entier illuminait et la foule encombrait les rues, les boulevards, comme aux grands jours de fête publique. A dix heures, une colonne d'hommes du peuple en blouse, les bras nus, portant des torches, des piques ou des fusils et précédée du drapeau rouge[1], débouche par la rue Saint-Martin, suit la ligne des boulevards et s'arrête à la hauteur de l'hôtel des affaires étrangères, devant un bataillon d'infanterie formé en carré qui occupe toute la largeur du boulevard des Capucines. Le porteur du drapeau s'approche du commandant et sollicite le passage pour sa troupe : le commandant refuse; à ce moment, dit-on, un coup de pistolet est tiré, le commandant rentre dans le carré et ordonne le feu. La fusillade est meurtrière au milieu d'une foule compacte; les cadavres couvrent le pavé rouge de sang; le rassemblement se dissipe en un instant en criant : « Aux armes ! A la trahison ! » Les victimes, placées sur un tombereau, sont dirigées vers la Bastille ; la foule exaspérée suit ce funèbre corbillard en demandant vengeance.

La catastrophe du boulevard des Capucines suppri-

---

1. D'un drapeau tricolore suivant quelques historiens.

mait tout espoir de conciliation ; il ne s'agit plus de ré
forme, ni de changement de cabinet, c'est le trône
qui est menacé. Dans la nuit du 23 au 24 la garde
nationale achève ses préparatifs de combat; les ouvriers arrachent les arbres, soulèvent les pavés et
construisent partout d'énormes barricades ; les grilles
des églises et des hôtels sont arrachées, leurs bar-
reaux aiguisés font des piques, les couverts d'étain
fondus font des balles. A trois heures du matin le toc-
sin retentit à Saint-Méry; à l'aurore, les hostilités re-
commencent partout à la fois.

En apprenant la catastrophe du boulevard, le roi
avait nommé Bugeaud commandant de toutes les
forces de la capitale et fait appeler Thiers, accepté,
après une longue résistance, les noms d'Odilon Barrot,
de Duvergier de Hauranne, de de Malleville pour former
n nouveau cabinet et consenti à la réforme. Thiers demande au roi s'il admet la dissolution de la Chambre:
il refuse de prendre aucun engagement. Duvergier de
Hauranne déclare qu'il est impossible de gouverner
avec une majorité qui a traité l'opposition d'*aveugle* et
d'*ennemie*. « Quoi, réplique le roi, avec un ton de sar-
casme, vous avez votre réforme, monsieur Duvergier
et vous n'êtes pas content? » Thiers et Duvergier de
Hauranne insistant pour la dissolution, le roi répond
encore une fois : non ! non ! et va rejoindre Guizot
dans son cabinet de travail.

Le nouveau ministère, avant de se constituer, exigeait la suspension du feu et la nomination de Lamo-

ricière comme commandant de la garde nationale.
Bugeaud avait déjà dirigé trois fortes colonnes sur
l'Hôtel de ville, la Bastille et le Panthéon ; il fait cesser
le feu, à la demande de Thiers. Pendant cette suspension d'armes, Odilon Barrot se rendait de barricade
en barricade pour prêcher la concorde et annoncer
qu'il faisait partie du nouveau cabinet : ses paroles ne
trouvent pas le moindre écho. La proclamation annonçant sa nomination comme ministre est déchirée.
« Nous te connaissons, Barrot, dit un des insurgés,
au nouveau ministre, tu es un brave et honnête citoyen, tu as toujours défendu le peuple, tu nous
assures que la réforme a triomphé : on te trompe
comme on t'a trompé en 1830. » Il était difficile de
répondre à cet argument, les dénégations n'y faisaient
rien. « On se moque de nous », disaient partout les
ouvriers. Louis-Philippe apprenant que la troupe livre
ses armes, nomme Odilon Barrot président du Conseil ; ce nouveau sacrifice est inutile. Les soldats sont
entourés, cernés par des rassemblements, les postes
sont pris, les casernes envahies ; seule, la garde municipale continue à résister ; elle ne peut empêcher
l'insurrection de resserrer les Tuileries de minute en
minute. L'armée ne tient plus qu'au Château-d'Eau,
sur la place du Palais-Royal, où a lieu un combat très
vif. Pendant que les coups de feu retentissaient sur
la place, Louis-Philippe était sur le point de se mettre à table avec toute la famille royale. Rémusat et
Duvergier de Hauranne lui révèlent la gravité de la

situation ; Thiers lui conseille de se retirer à Vincennes ; la reine et la duchesse d'Orléans protestent énergiquement et adressent à Thiers les plus vifs reproches. Le roi monte à cheval et passe la revue de son état-major ; les vivats retentissent, mais la garde nationale est menaçante et son accueil fait cesser les dernières hésitations du roi. Autour de lui on ne parle que d'abdication. Girardin lui apporte une feuille de papier portant ces mots : abdication du roi ; régence de la duchesse d'Orléans ; dissolution de la Chambre ; amnistie générale ; les insurgés apparaissaient de plus en plus nombreux sur la place du Carrousel. « L'abdication est nécessaire, » dit le duc de Montpensier ; Louis-Philippe se résigne et rédige lentement un acte ainsi conçu : « J'abdique celte cou- « ronne que je tenais du vœu de la nation et que je « n'avais acceptée que pour amener la paix et la con- « corde parmi les Français. Me trouvant dans l'im- « possibilité d'accomplir cette tâche, je la lègue à « mon petit-fils le comte de Paris. Puisse-t-il être plus « heureux que moi. »

Le roi se tourne alors vers la duchesse d'Orléans : « Hélène, votre fils est roi des Français, soyez sa gardienne éclairée et fidèle. » Il quitte alors les Tuileries avec la reine et les princesses, monte en voiture sur la place de la Concorde et s'éloigne rapidement sous la protection d'un détachement de cuirassiers. De Versailles, il se dirigea sur Dreux, où il fut rejoint par le duc de Montpensier, puis il gagna Eu. Le 2 mars, il s'embarquait à Honfleur, sur le navire anglais l'*Express*, et le lendemain, il prenait terre à Newhaven.

Après le départ du roi, la duchesse d'Orléans était restée isolée aux Tuileries. Dupin vint la chercher pour la conduire à la Chambre ; le duc de Nemours les accompagna avec l'intention de résilier, en faveur de la duchesse, ses pouvoirs de Régent. A peine avaient-ils quitté les Tuileries, que les insurgés y pénétraient, procédaient à une dévastation réfléchie et écrivaient sur un des piliers du palais ces mots : *Hospice des invalides civils*. Quelques vols furent commis, mais les coupables découverts furent passés par les armes. Le trône royal, transporté sur la place de la Bastille, fut brûlé au pied de la colonne de Juillet.

On a remarqué que pas un meuble ne fut dérangé dans les appartements du duc d'Orléans, comme si les ouvriers avaient voulu acquitter leur dette de reconnaissance envers celui qui avait songé à eux dans son testament. Le portrait du prince de Joinville fut également respecté.

A la Chambre, la duchesse d'Orléans, le comte de Paris et le duc de Chartres furent introduits par Dupin ; accueillis par de vives acclamations, la duchesse, ses enfants et le duc de Nemours prennent place sur des sièges disposés au pied de la tribune. Dupin, demande la parole : il se prononce en faveur de la régence de la duchesse ; Marie lui succède à la tribune : le bruit l'empêche de se faire entendre, et sur la demande de Lamartine, la séance est suspendue.

Pendant la suspension, la duchesse monte aux derniers bancs du centre gauche ; le nombre des gardes nationaux et des personnes étrangères à la Chambre emplit peu à peu l'enceinte ; Odilon Brrrot entre dans la salle. Marie, reparaît à la tribune et demande la formation d'un gouvernement provisoire ; cette proposition est appuyée par Crémieux. De Genoude, chef des légitimistes nationaux, en haine de la famille d'Orléans, déclare que la nation doit être convoquée, qu'il n'y a rien sans le consentement du peuple, que tous les malheurs proviennent de ce qu'il n'a pas été consulté en 1830. Odilon Barrot défend la cause de la duchesse d'Orléans et du comte de Paris. Larochejaquelein réclame à son tour la convocation du peuple ; à ce moment, la foule armée force les portes en criant : « La déchéance, la déchéance ! Vive la république ! » Le tumulte est à son comble ; Ledru-Rollin évoque le souvenir des abdications de 1815, de 1830, aux applaudissements de la foule ; il propose l'établissement d'un gouvernement provisoire nommé par le peuple, et réclame une convention. Lamartine, après quelques paroles respectueuses pour la duchesse d'Orléans, se rallie à cette proposition. Un nouveau flot de gardes nationaux et d'hommes du peuple fait irruption dans une tribune en criant : « A bas la Chambre ! A bas les députés ! » Ceux-ci se retirent au milieu des menaces ou des railleries ; la duchesse se réfugie aux Invalides et de là au château de Lagny, d'où elle gagna le Mecklembourg. Après son départ, Lamartine et Dupont de l'Eure, au milieu d'une agitation indescriptible, proclament les noms des membres du gouvernement provisoire : François Arago, Carnot, Lamartine, Ledru-Rollin, Dupont de l'Eure, Marie, Garnier-Pagès, Crémieux. Le nouveau gouvernement se constitua immédiatement à l'Hôtel de ville : son autorité acceptée par toute la France, ne fut pas même contestée par l'Algérie que gouvernait le duc d'Aumale.

Retiré à Claremont, dans une propriété du roi des Belges, Louis-Philippe y expira le 26 août 1850, entouré de tous ses enfants. Sa vie privée resta toujours grave et digne ; il donna à tous l'exemple des bonnes mœurs, et sa digne compagne peut servir de modèle à toutes les femmes.

Malheureusement le roi ne valut pas l'homme ; il n'eut pas l'intelligence des besoins de son temps. Charles X avait prétendu ouvertement à la toute-puissance ; Louis-Philippe voulut y arriver par des voies détournées ; appuyé sur le pays légal, il ne vit pas cet autre pays ardent et nombreux, tout dévoué à sa personne au lendemain de juillet 1830, qui ne demandait qu'à soutenir un gouvernement sagement libéral et progressif, à marcher d'accord avec les Lafayette, les Laffite, les Dupont de l'Eure, ces amis de la première heure, ces familiers du duc d'Orléans qui ne tardèrent pas à devenir les juges sévères et désabusés de Louis-Philippe.

Porté au pouvoir par une insurrection, appelé à régner en vertu du principe de la souveraineté nationale, il commit une première faute en refusant de consulter la nation. Interrogé par lui, il est certain que le suffrage universel en 1830 lui eût répondu : oui. Malgré cet oubli, Louis-Philippe ne renia pas du premier coup son origine, il n'insultait pas encore la Révolution, il ne l'appelait pas une catastrophe, il la glorifiait au contraire, il lui ouvrait le Panthéon, il lui dressait la colonne de la Bastille, il célébrait chaque année son anniversaire, il chantait volontiers la *Marseillaise*. Il n'avait du reste aucune illusion sur les sentiments monarchiques de la France. En 1824, pendant le ministère de Villèle, recevant Sismondi au Palais-Royal, il lui disait : « Le pouvoir n'appartient plus à l'hérédité, il appartient désormais à l'élection.» Une monarchie sans hérédité ne diffère guère d'une république ; le duc d'Orléans le voyait en 1824, mais l'intérêt personnel l'aveuglait en 1830.

Louis-Philippe était un partisan déclaré de la paix ; il estimait qu'un peuple a plus d'intérêt à produire qu'à détruire ; il refusait de suivre ceux qui voulaient quand même une revanche de Waterloo. Peut-être dans la situation de l'Europe, au lendemain de 1830, cette revanche était-elle possible. Le roi eut le mérite de résister aux sollicitations belliqueuses, et s'il sacrifia trop à l'amour de la paix, il faut reconnaître qu'il n'alla pas combattre au dehors le principe de la Révolution. Il couvrit la Belgique, il assiégea Anvers, il tendit la main au Portugal, il arrêta l'Autriche à

Ancône ; il n'eut qu'une seule défaillance, le jour où il appuya l'insurrection du Sonderbund contre la Suisse libérale.

Dans ses relations avec le clergé, son indifférence en matière de religion le servit bien ; il ne laissa jamais le cléricalisme s'asseoir dans ses conseils ; en politique son scepticisme lui fut funeste, il eut la tentation de rayer l'article de la Charte qui voulait que nul ne fut distrait de ses juges naturels, de livrer les citoyens à la juridiction militaire. Il braqua contre la presse la législation de septembre, il inventa la complicité morale, il abusa des moyens de gouvernement en achetant les consciences les jours d'élections, en provoquant les apostasies à force de promesses, de places, de canaux, de chemins de fer et de croix, et dans une heure de colère, il fit présenter une loi de déportation aux Chambres. Trompé par son entourage, il ignorait l'état de l'esprit public ; il se vantait d'avoir terrassé l'émeute, désarmé l'Europe, discipliné la majorité, et un matin, surpris à table par la révolution, vaincu sans combat, il quitte les Tuileries en fugitif. Le prince qui répétait souvent que Louis XVI de concession en concession était monté sur l'échafaud, fut vaincu parce qu'il n'avait voulu faire aucune concession, parce qu'il avait répondu aux plus modestes demandes de l'opposition par une résistance inflexible, parce qu'il avait réagi contre la liberté qui l'avait porté au pouvoir. A l'heure de la crise tout lui manqua : l'armée rendit ses armes, la garde nationale cria : vive la réforme, Molé, Thiers, Odilon Barrot furent usés avant d'avoir servi. Louis-Philippe n'eut pas même la liberté, comme Charles X, de disposer de sa personne : pendant qu'il signait son abdication on réclamait sa déchéance. La république était faite avant qu'il eût quitté la France.

CHAPITRE X

Malgré le sévère jugement que l'histoire a porté sur Louis-Philippe, son règne n'a pas été stérile ; il serait injuste de ne pas en indiquer les principaux résultats. Nous empruntons les éléments de cette statistique à l'un des hommes qui, après avoir servi le plus fidèlement le roi régnant, se sont ralliés le plus franchement à la troisième république. « Rien, dix-huit années de gouvernement parlementaire », tel est le titre de l'ouvrage de M. de Montalivet. Il y a réfuté les assertions d'un ministre du second empire qui avait accusé le gouvernement de Juillet de n'avoir rien produit.

L'idée de fortifier Paris fut conçue dès le commencement du règne et réalisée en 1840 ; si elle n'appartenait pas en propre à Louis-Philippe, elle eut toujours en lui un défenseur convaincu. Le duc d'Orléans, son aide de camp Chabaud-Latour, le chef de bataillon Niel et surtout Thiers, alors président du conseil, triomphèrent des défiances injustes, s'élevèrent contre les querelles de système et démontrèrent la patriotique utilité de l'entreprise. La campagne de 1870 les a trop justifiés. Les travaux furent dirigés par le général Dode de la Brunerie, les généraux Vaillant, Noizet et cent officiers du génie sous leurs ordres. La dépense prévue était de 140 millions ; elle ne fut pas dépassée.

D'autres grands travaux de fortification furent exécutés à Lyon, Langres, Grenoble, Béfort, Besançon et dans presque tous les ports. A Cherbourg seulement, on dépensa près de 40 millions.

En Algerie, malgré bien des tâtonnements et des hésitations, dix-huit années de lutte et de colonisation avaient porté leurs fruits. On comptait sur la terre d'Afrique 120 000 colons européens, 3 millions de sujets arabes, une capitale digne de la métropole, 17 villes anciennes relevées de leurs ruines, 12 ports animés par un commerce déjà important, 44 centres de populations agricoles et un territoire supérieur en étendue à la moitié de la France.

La guerre en Algérie fut une excellente école pour l'armée et pour la marine. Nous avons indiqué l'adoption par les Chambres d'un crédit de 93 millions destinés à la transformation de notre flotte. Les usines du Creusot, du Havre, de Paris, reçurent des commandes importantes, et la marine à vapeur, forte seulement de 1500 chevaux en 1830, s'élevait à 26 000 en 1847. Comme créations nouvelles il faut citer : l'infanterie de marine, la gendarmerie maritime, les écoles d'artillerie flottante et les écoles de mousses. La question des navires cuirassés, celle des navires à éperon étaient posées et presque résolues avant 1848.

Une ordonnance royale de 1846 fixa l'effectif de nos forces navales, sur le pied de paix, à 328 bâtiments de guerre. L'armée, augmentée de 100 000 hommes, fut fortifiée par la création de corps spéciaux : les zouaves et les chasseurs à pied.

A l'intérieur, améliorations et progrès ne sont pas moins notables : la peine de mort portée contre le simple complot par le Code de 1810 est abolie ; la mutilation de la main, reste d'une législation barbare, est supprimée, ainsi que le carcan et la marque pour les condamnés aux travaux forcés. L'admission des circonstances atténuantes permet au jury, neuf fois sur dix, de tourner la peine de mort qui elle-même est rayée onze fois de notre législation. Le principe de la constitution des majorats disparaît aussi du Code Napoléon ; le domicile, la correspondance et la personne des citoyens sont entourés de garanties efficaces par le Code pénal de 1832. Les cinq articles du Code de 1810 qui imposaient la révélation des confidences reçues dans l'intimité, qui punissaient la non révélation aussi sévèrement que le crime lui-même, furent supprimés. La juridiction du Conseil d'État, sans être étendue, fut placée dans de meilleures conditions de libre discussion, de contrôle et de publicité.

Louis-Philippe qui proclama que le recours en

grâce était de droit naturel, qui n'a jamais autorisé une exécution capitale pour crime politique, n'a signé que contraint et forcé les condamnations à mort et seulement quand l'unanimité du conseil s'est prononcée pour une expiation nécessaire.

De Tocqueville et Élie de Beaumont, chargés d'aller étudier aux États-Unis le système pénitentiaire, rapportèrent en France l'idée des réformes qui transformèrent le régime des prisons. La chaîne des forçats fut supprimée, les voitures cellulaires furent instituées. La séparation absolue des prévenus, celle des diverses catégories de prisonniers, la règle du silence, la suppression des cantines, la création de dix-huit maisons cellulaires et l'amélioration des prisons départementales datent de cette époque. Les frères de la doctrine chrétienne sont établis comme surveillants dans un certain nombre de maisons centrales. Des quartiers distincts sont assignés aux femmes à Fontevrault, Beaulieu, Clairvaux, Limoges, Loos et les maisons de Clermont, Haguenau, Cadillac, Montpellier et Vannes ne s'ouvrent que pour elles. Toutes ces prisons sont dirigées par les sœurs pénitentiaires de Marie-Joseph, sous la haute surveillance d'une inspectrice générale, Mme Lechevalier.

Outre le pénitencier cellulaire de la Roquette, de nombreux établissements agricoles ou industriels furent fondés pour les jeunes détenus à Marseille, à Rouen, à Bordeaux, à Lyon, à Ostwald, à Petit-Bourg et à Mettray.

Parmi les principaux crédits accordés par les Chambres pour favoriser le commerce et fournir du travail aux classes ouvrières, nous citerons un crédit de 53 millions voté dans les derniers mois de 1830 ; le crédit de 14 millions destiné à couvrir de routes stratégiques la Bretagne et la Vendée ; le vote de 300 millions pour la construction des canaux de la Marne au Rhin, de la Garonne, de l'Aisne à la Marne, de la Haute-Saône et pour l'amélioration de toutes nos rivières ; celui de 156 millions consacrés à 1500 kilomètres de routes nouvelles et à 17 000 de routes anciennes ; de 470 millions pour les services de l'armée et de 310 pour ceux de la marine. 856 millions de subvention et 252 millions de prêt furent consacrés aux chemins de fer.

Le gouvernement de Juillet éleva la colonne de la Bastille, l'obélisque de Louqsor, le tombeau de Napoléon, l'École normale de la rue d'Ulm, compléta le Luxembourg, acheva la Madeleine, le Panthéon, l'École des Beaux-Arts, le palais Bourbon, celui du quai d'Orsay, l'Arc de l'Étoile et la colonne de Boulogne. L'hospice de Charenton, l'établissement des Sourds-Muets et l'Institution des Jeunes Aveugles reçurent de notables accroissements.

Paris dût à M. de Rambuteau la restauration de l'Hôtel de Ville, la création de 14 rues nouvelles, l'élargissement de 62 rues et places. En 18 ans, le nombre des becs de gaz s'éleva de 63 à 9600. Au lieu de 16 kilomètres de trottoirs en 1830, on en comptait 195 en 1848.

Il n'est que juste de constater que Louis-Philippe, malgré l'amour de l'or qu'on lui a souvent reproché, préleva sur sa liste civile 30 millions pour l'entretien ou les embellissements des châteaux de Versailles, Fontainebleau, Pau et pour l'érection d'une chapelle à Carthage, sur les lieux où mourut saint Louis.

Parmi les lois les plus importantes, votées après des discussions aussi brillantes qu'approfondies et qui resteront l'honneur du régime parlementaire, rappelons la loi du recrutement, la loi de l'état des officiers, la loi d'organisation communale et départementale, la loi de 1842 sur les chemins de fer. Avant 1842 la France n'avait que 467 kilomètres de chemins de fer en exploitation ; de 1842 à 1848 on en compta 1592 en exploitation et 2144 en construction.

L'enseignement supérieur et en particulier les études historiques reçurent une puissante impulsion. Sur tous les points du territoire les vieux monuments furent recherchés et restaurés, les archives livrèrent leurs manuscrits ; chaque département eut un inspecteur spécial des monuments historiques. La *Collection des documents inédits de l'histoire de France*, qui remonte à 1833, eut pour premiers collaborateurs : Augustin Thierry, Mignet, Fauriel, Guérard, Cousin, Auguste Leprévost et le général Pelet.

La loi du 28 juin 1833, qui suffirait pour illustrer le ministre qui y a attaché son nom, a véritablement inauguré l'enseignement primaire en France. Avant Guizot cet enseignement tenait tout entier en trois mots : lire, écrire, compter ; après lui l'instruction

morale et religieuse, la lecture, l'écriture, les premières notions de la langue française et du calcul, le
système légal des poids et mesures furent obliga-
toires dans les écoles élémentaires.

L'enseignement primaire supérieur, créé pour les
jeunes gens qui voulaient s'élever au-dessus de l'enseignement du premier degré, comprenait les appli-
cations usuelles des éléments de la géométrie, des
notions de sciences physiques et naturelles, le dessin
linéaire, l'arpentage, le dessin des machines et le
chant. Il y avait 327 écoles de ce genre en 1848. Mais
c'est surtout dans l'enseignement primaire que les
progrès furent sensibles : en 1830 on ne comptait que
27 565 écoles avec 969 340 élèves ; en 1848, 43 614
écoles avaient 2 176 079 élèves. Sur ces 43 000 écoles,
35 953 étaient communales.

Ces chiffres ne s'appliquent qu'aux écoles de garçons. Ce n'est qu'en 1836 qu'une ordonnance royale
appliqua aux écoles de filles la plupart des dispositions de la loi de 1833 ; le nombre de ces écoles qui
n'était que d'un millier en 1832, s'élevait à 19 414
en 1848, dont 7926 communales, qui recevaient ensemble 1 554 056 élèves.

Ajoutons à ces créations celles des cours d'adultes
et des salles d'asile. Les cours d'adultes, au nombre
de 6877 en 1848, dispensaient l'instruction à 115 164
jeunes gens ou hommes faits. Les salles d'asile, placées sous la double surveillance des mères de famille
et des délégations instituées par la loi de 1833, s'éle-

vèrent en onze années (1837-1848), de 261 à 1861, et le chiffre des enfants monta de 29 214 à 124 287.

Enfin ce système d'enseignement, qui s'appliquait à tous les âges, de 2 à 15 ans, fut complété par la création des écoles d'apprentis et des ouvroirs destinés aux garçons et aux filles de 12 à 15 ans, trop vieux pour les écoles primaires, trop jeunes ou trop peu instruits pour les écoles primaires supérieures. Il y avait, en 1848, 36 écoles d'apprentis recevant 2011 enfants et 388 ouvroirs fréquentés par 13 200 jeunes filles. Les écoles régimentaires étaient inscrites au budget pour une somme annuelle de 150 000 francs; il n'était guère de régiment qui n'eût la sienne.

En résumé, avant 1830, les écoles réunissaient à peine un million d'élèves; les chiffres que nous avons cités plus haut donnent, pour l'année 1848, un total de 3 784 797, sur lesquels près d'un tiers était admis gratuitement.

Toutes les écoles furent placées dans chaque département sous la surveillance d'un inspecteur départemental, et dans 104 arrondissements sous celle d'un sous-inspecteur. Un article de la loi de 1833 prescrivait à chaque département d'entretenir une école normale primaire, soit par lui-même, soit en se réunissant à un ou plusieurs départements voisins.

Il n'y avait que 15 écoles normales en 1830; on en comptait 76 en 1848, pour 3147 élèves.

Pour les filles, il n'y avait au 1er janvier 1848 que 10 écoles normales et 26 cours normaux.

Le gouvernement de Louis-Philippe fit beaucoup
moins pour l'enseignement secondaire ou profession-
nel ; nous avons vu que la loi qui l'organisait ne put
aboutir. Citons cependant la création de 14 nouveaux
collèges royaux, de plusieurs écoles spéciales et la reconstitution de l'École normale supérieure. Au nombre des encouragements accordés à l'enseignement
supérieur, il faut ajouter le rétablissement de l'Académie des sciences morales et politiques, la fondation
de l'École française d'Athènes, de 10 facultés nouvelles (7 de lettres et 3 des sciences) et de 39 chaires
dans les anciennes facultés.

Après les lois importantes que nous avons étudiées
avec le détail qu'elles méritaient, énumérons celles
qui ont eu pour objet : les chemins vicinaux, les alié-
nés, les caisses d'épargne, l'interdiction des loteries,
le travail des enfants dans les manufactures, les irri-
gations, la police de la chasse, l'expropriation pour
cause d'utilité publique, celle des chemins de fer, les
poids et mesures, les écoles de pharmacie, la con-
trainte par corps, les brevets d'invention, les justices
de paix et l'extension de la juridiction de la Cour des
comptes aux magasins de l'État.

Les sommes déposées dans les caisses d'épargne à
la fin de 1847 atteignaient 400 millions : c'était à peu
de chose près le chiffre de l'argent dévoré chaque
année (393 millions) par la loterie et les maisons de
jeu supprimées en 1856.

En dix-huit ans les progrès de l'aisance amenèrent

dans les revenus publics une plus-value annuelle de
500 millions ; le commerce général qui n'était représenté, en 1851, que par une valeur de 1 151 millions
atteignait, en 1846, 2 457 millions ; les 800 millions
absorbés par l'Algérie furent imputés sur les budgets
ordinaires et ces résultats furent obtenus sans grever
l'avenir. Dans le chiffre total de notre dette, le gouvernement de 1830 ne figure que pour 622 millions. Ce
chiffre est bien modeste à côté des milliards que nous
ont coûté dix-huit années d'un autre gouvernement.

Quelques chiffres donneront une idée des progrès
de l'industrie : on comptait, en 1847, 2450 machines
à vapeur représentant 60 630 chevaux vapeur. La
production du fer s'éleva de 2 millions de quintaux
en 1830, à 4 millions et demi en 1847. La fabrication
du sucre de betterave monta de 6 millions à 54 millions. Ces progrès eussent été encore plus rapides si
Blanqui, Michel Chevalier, Wolowski et Bastiat avaient
été écoutés, mais la plupart des producteurs français
pensaient comme Bugeaud qu'une invasion de bes-
tiaux étrangers serait plus dangereuse qu'une invasion de Cosaques. L'heure du libre échange n'était
pas venue. L'initiative de cette réforme était réservée
à l'Empire, qui par tant d'autres côtés resta inférieur à la monarchie de Juillet, qui ne connut ni
les grandes discussions parlementaires, ni la tribune
libre, ni cette pratique du *Self government*, honneur et
sauvegarde des souverains aussi bien que des peuples.

CHAPITRE XI

Une histoire de Louis-Philippe serait incomplète sans un tableau des sciences, des lettres et des arts, durant la période comprise entre les révolutions de 1830 et de 1848. Il suffira, pour rester dans les limites imposées à la *Bibliothèque utile*, d'une énumération des écrivains, des savants et des artistes, d'une rapide indication de leurs œuvres et d'une brève notice sur quelques uns d'entre eux.

1° LETTRES : *Histoire*. — Augustin Thierry (1795-1856), après quelques années passées à l'Université, s'adonna tout entier aux études historiques. Devenu aveugle, en 1826, il n'en continua pas moins durant trente ans encore ses lumineuses recherches sur nos origines nationales. Ses œuvres ont exercé une action décisive sur le développement de la science historique dans notre pays. Thierry publia, après 1830, ses *Dix ans d'études historiques* (1835), et les *Récits des temps mérovingiens*, son chef-d'œuvre (1840).

François Guizot (1787-1874), absorbé par la politique, ne fit paraître que la *Vie de Washington* en 1841. Il fut admis à l'Académie des sciences morales et politiques en 1832, à celle des Inscriptions en 1833, et à l'Académie française en 1836.

Simonde de Sismondi (1778-1842) publia, en 1832, une *Histoire de la renaissance de la liberté en Italie*, fort hostile à la cour de Rome, et en 1844, le trente-unième et dernier volume de son *Histoire des Français*, dont un résumé en trois volumes parut en 1839. C'est une œuvre systématique, mais intéressante comme histoire de la nation, du peuple, que l'auteur oppose volontiers aux rois et au clergé.

Jules Michelet (1798-1874), l'historien idéaliste et symbolique, peint les faits d'un style vif, saisissant, quelquefois empreint d'une sorte de sensibilité maladive. Son *Introduction à l'histoire universelle* est de 1831 ; son *Histoire romaine*, de la même année ; son *Précis d'histoire moderne*, de 1833 ; il commença, en 1833, son *Histoire de France* en seize volumes, qui ne fut achevée qu'en 1866, et en 1847, il donna le premier volume de l'*Histoire de la Révolution française*, complétée en 1853. Michelet, chef de la section historique aux Archives depuis 1830, entrait à l'Institut en 1838.

Lamartine (1790-1869) apporta quelquefois à l'histoire sa facilité d'assimilation et ses qualités de coloriste. L'*Histoire des Girondins*, le second de ses grands ouvrages en prose, est de 1847.

Louis Blanc, l'historien socialiste, consacra son *His-*

toire de dix ans (1841) à la première période du règne de Louis-Philippe, et commença en 1847 la publication de son *Histoire de la Révolution française*, apologie passionnée de Robespierre.

Henri Martin avait presque achevé, en 1848, sa grande *Histoire de France*, commencée en 1837 ; le dix-septième et dernier volume parut en 1851.

De Vaulabelle, l'éloquent historien des *Deux restaurations*, ne publia son premier volume qu'au déclin du règne (1847).

Mignet, né en 1796, comparable à Salluste, par la sobre énergie de son style et par son talent pour les portraits, était depuis longtemps célèbre quand il donna ses *Négociations relatives à la succession d'Espagne*, 1836-1842; ses *Notices et Mémoires*, 1844, et son *Antonio Perez*, 1845. Mignet est membre de l'Académie française et secrétaire perpétuel de l'Académie des sciences morales.

Duruy (Victor) est l'auteur de l'*Histoire des Romains et des peuples soumis à leur domination*, 1843-1844, complétée depuis par de savantes recherches et restée le meilleur ouvrage de ce genre avec l'*Histoire romaine* de Michelet.

Sainte-Beuve (1804-1869), le critique illustre, célèbre par sa collaboration au *Globe*, aborda le genre historique dans son *Histoire de Port-Royal*, 1840-1848.

Thiers (1797-1877), que l'on a appelé l'*historien des affaires* sut arracher à la politique les loisirs nécessaires pour composer sa vaste *Histoire du Consulat et de l'Empire*, 1845-1865.

Prosper de Barante (1782-1866), admis à l'Académie en 1824, après son *Histoire des ducs de Bourgogne*, n'a publié dans cette période que ses *Mélanges historiques et littéraires*, 1836.

Chateaubriand (1768-1848), dégoûté des hommes et du siècle, publia, en 1831, ses *Études historiques* pleines de couleur et de vie; en 1836, son *Essai sur la littérature anglaise*, et en 1844, sa *Vie de Rancé*; les *Mémoires d'outre-tombe*, qui ne devaient voir le jour qu'après la mort de l'auteur, datent de cette époque.

Lacordaire (1802-1859) mérite une place parmi les historiens pour son *Histoire de saint Dominique*, 1840; de 1844 à 1847, il prononça les *Éloges funèbres* de Forbin-Janson, du général Drouot et d'O'Connell; en 1834; il avait ouvert, avec un succès retentissant, les conférences de Notre-Dame.

Montalembert (1810-1861), l'un des fondateurs du catholicisme libéral, avec Lacordaire et Lamennais, préluda à l'*Histoire des moines d'Occident*, 1859, par celles de *Sainte Élisabeth de Hongrie*, 1836, et de *Saint Anselme*, 1844.

Philosophie. Économie politique et littérature. — Victor Cousin (1792-1867), chef de l'École éclectique, plus célèbre sous le gouvernement de Juillet comme professeur éloquent et comme ministre universitaire que comme écrivain, ne publia pendant cette période que les *Ouvrages inédits d'Abélard* et un *Rapport sur la métaphysique d'Aristote*, 1836-1837.

Charles de Rémusat, dans une vie remplie par la

politique et la législation sut trouver des loisirs pour les lettres. Ses *Essais de philosophie* sont de 1842; son *Abélard* et son rapport sur la *Philosophie allemande*, de 1845; son *Passé et Présent*, de 1847.

Wilm donne, en 1846, une *Histoire de la philosophie allemande*.

Lamennais (1782-1854), tour à tour autoritaire et libéral, fonda, en 1830, le journal l'*Avenir* avec Lacordaire et Montalembert, fut censuré par Rome, fit sa soumission et donna dans les *Paroles d'un croyant*, 1838, cet évangile de la sédition, un éclatant démenti à sa soumission; deux ans après, il publiait ses *Esquisses d'une philosophie*. Comme écrivain, Lamennais est de l'école de Pascal, de Rousseau, de Joseph de Maistre.

Rossi (1787-1848) donna en 1835-1836 son *Cours de droit constitutionnel*, et de 1840 à 1848 son *Cours d'économie politique*. Député du canton de Genève à la Diète, en 1832, professeur d'économie politique au Collège de France, 1833, et de droit constitutionnel à la Sorbonne, 1834, pair de France, en 1839, ambassadeur à Rome, en 1845, et ministre de Pie IX, en 1848, Rossi fut assassiné par un républicain fanatique.

Blanqui (1798-1854) était un disciple de J.-B. Say (1767-1852), son *Cours fait au Conservatoire des arts-et-métiers*, fut publié en 1837-1838; son *Histoire de l'économie politique en Europe*, de 1837 à 1842. Blanqui dirigea depuis 1830 l'École spéciale du commerce; il fut député de Bordeaux, de 1846 à 1848; c'est l'un des fondateurs du *Journal des économistes* et l'un des parrains de la liberté commerciale.

Jean Reynaud et Pierre Leroux commencent, en 1836, l'*Encyclopédie nouvelle*.

Alexis de Tocqueville (1805-1859) rapporta d'un voyage aux États-Unis, et publia en 1835, sa *Démocratie en Amérique* que Royer-Collard a pu appeler une continuation de Montesquieu; l'*Histoire philosophique du règne de Louis XV* est de 1847.

Désiré Nisard, né en 1806, maître de conférences à l'École normale, à vingt-neuf ans, avait publié à vingt-huit ses *Poètes latins de la décadence*, 1834; ses *Mélanges* sont de 1838; son *Précis de l'histoire de la littérature française*, de 1840; son œuvre capitale, l'*Histoire de la littérature française*, commencée en 1845, s'acheva en 1861.

Saint Marc Girardin, critique aux *Débats*, puis professeur à la Sorbonne, en 1831, commença en 1843 la publication de son *Cours de littérature dramatique* professé avec éclat à la Sorbonne.

J.-J. Ampère (1800-1864), après son volume de *Littérature et de voyages*, 1833, donna en 1840 son *Histoire de la littérature française avant le douzième siècle*.

Henri Patin, maître de conférences à l'École normale à vingt-deux ans, suppléant de Villemain à la Sorbonne, en 1850, est surtout connu par un ouvrage resté classique : les *Études sur les tragiques grecs*, 1842-1843.

Alphonse Toussenel, né en 1803, est l'auteur des

Juifs rois de l'époque, 1845, et du célèbre ouvrage l'*Esprit des bêtes*, 1847.

François Arago, l'illustre savant, a marqué sa place parmi les écrivains par son *Astronomie populaire* et ses *Biographies scientifiques*.

E. Burnouf publie, en 1844, l'*Introduction à l'histoire du boudhisme indien*.

Villemain, après dix années de ces éloquentes leçons (1816-1824), qui furent, d'après le *Globe*, un des événements intellectuels les plus importants de l'Europe, devint sous Louis-Philippe pair de France, secrétaire perpétuel de l'Académie française et ministre. A partir de 1844, il consacra sa vie aux travaux de l'Académie. Ses *Études de littérature ancienne et étrangère* et ses *Études d'histoire moderne* sont de 1846.

Roman. — Victor Hugo, dont le nom domine et résume toute la littérature de notre siècle, écrivit *Notre Dame de Paris*, en 1831. Le retentissement de cette œuvre étouffa pendant quelques mois le tumulte politique.

Balzac. La plupart des œuvres de ce grand peintre de la société contemporaine réunies sous un titre expressif, la *Comédie humaine*, parurent dans cette période ; les *Scènes de la vie de province*, en 1832, l'année même où deux jeunes littérateurs, Escousse et Lebraz, découragés par un premier insuccès, se donnaient volontairement la mort ; *Eugénie Grandet*, le *Père Goriot*, la *Recherche de l'absolu*, *César Birotteau*, en 1839. Le style du fécond romancier, inégal, inquiet, aux lourdes périodes, est pourtant plein de force et de couleur.

Frédéric Soulié, aussi populaire en son temps qu'oublié de nos jours, est l'auteur des *Deux cadavres*, 1832; du *Conseiller d'État*; du *Vicomte de Béziers*; du *Comte de Toulouse*; du *Magnétiseur*, 1839; des *Mémoires du diable*, 1837, etc.

Eugène Sue, le romancier socialiste a conservé quelques lecteurs. Notre génération connaît les *Mystères de Paris*, 1842 et le *Juif errant*, 1847. *Atar Gull*, 1832; la *Salamandre*, 1842; la *Vigie de Koat-Ven*, 1833; *Mathilde*, 1841; n'ont pas conservé la vogue qui accueillit leur publication en feuilleton.

George Sand. Presque rien n'a vieilli dans les œuvres d'Aurore Dupin, l'illustre descendante du maréchal de Saxe, qui a transmis à la postérité le nom immortel de George Sand. Née en 1804, élevée à Nohant dans ce Berry, auquel elle dut autant d'inspirations qu'à la lecture de Jean-Jacques, elle s'établissait à Paris en 1831, composait un premier roman en collaboration avec Jules Sandeau, et un second, *Indiana* (1832), qui préluda à ces œuvres multiples : études (*Lettres d'un voyageur*), autobiographie (*Histoire de ma vie*), philosophie (*Spiridion, Les sept cordes de la lyre*), théâtre (*le Marquis de Villemer*), et romans sans préoccupation sociale ou politique, écrits dans la meilleure langue française pure, éclatante, harmonieuse, qui ont surtout mis le sceau à sa gloire. La littérature du dix-neuvième siècle n'a rien produit de plus parfait que la *Mare au diable*, 1846, et la *Petite Fadette*, 1848, ces ravissantes idylles.

Au-dessous de George Sand on peut citer avec honneur Émile Souvestre pour ses *Derniers Bretons*; Jules Sandeau pour son *Docteur Herbeau*, 1841, fort inférieur à *Mademoiselle de la Seiglière*, 1848; Dumas père (1803-1870) pour son inépuisable fécondité, sa bonne humeur communicative et le dramatique intérêt de ses longs récits : *Impressions de voyage*, 1843 ; le *Comte de Monte-Cristo*; la *Reine Margot*; la *Dame de Montsoreau*; le *Chevalier de Maison rouge*, etc.

Prosper Mérimée (1803-1873) aussi ménager de son talent que Dumas en était prodigue, est un écrivain correct et vigoureux, particulièrement doué pour la peinture des situations violentes : la *Double méprise* est de 1838 ; *Colomba*, de 1840.

Stendhal (Henri Beyle) (1783-1842), que les naturalistes contemporains reconnaissent pour leur maître avec Balzac, fut un écrivain à l'esprit paradoxal, au style ingénieux et tourmenté. Dans le *Rouge et noir*, 1831, il produit l'intérêt par l'horreur. Consul à Trieste, puis à Civita Vecchia après 1830, Beyle étudia les mœurs italiennes du commencement de ce siècle et en présenta le tableau dans la *Chartreuse de Parme*, 1839.

Madame de Girardin (Delphine Gay) (1804-1855) montra dans plusieurs nouvelles de l'esprit d'observation, de la finesse et de l'élégance : le *Lorgnon*, 1831 ; le *Marquis de Pontanges*, 1835; la *Canne de*

M. de Balzac, 1836. Le nom de Madame de Girardin, comme celui de sa mère (Sophie Gay), appartient aussi à la poésie : ses chants sur la *Mort de Napoléon*, sur la *Mort du général Foy*, l'avaient fait surnommer la *Muse de la patrie*.

Le marquis de Custine, sous le titre : *La Russie en 6839*, publia, en 1843, un livre long et prétentieux, mais qui ne manquait ni d'esprit, ni d'agrément, ni d'observation.

Poésie. — Casimir Delavigne (1793-1843), après le grand succès de ses *Messéniennes*, odes patriotiques, inspirées par les récents désastres de la France, se consacra au théâtre. Ses meilleures pièces contemporaines du gouvernement de Juillet furent : *Louis XI*, 1832; les *Enfants d'Édouard*, 1833 ; *Don Juan d'Autriche*, 1835 ; *Une famille au temps de Luther*, 1836 ; la *Popularité*, 1838 ; la *Fille du Cid*, 1839 ; le *Conseiller rapporteur*, 1841, et l'opéra de *Charles VI*, 1846.

Lamartine (1790-1869) conquit irrévocablement le premier rang avec *Jocelyn*, 1835, la *Chute d'un ange*, 1838, et les *Recueillements*, 1839, dans lesquels il fit ses adieux à la poésie.

Alfred de Vigny (1799-1863), l'auteur déjà illustre des *Poèmes antiques et modernes*, 1822-1826, ne publia dans cette période que la traduction de deux drames de Shakespeare, des drames, des comédies et des romans (*Cinq-Mars, Servitudes et grandeurs militaires*).

Béranger (1780-1857), qui fut avec Lamennais, George Sand et Eugène Sue, une des quatre puissances sociales de ce temps, donna, en 1831, un recueil de ses *Chansons anciennes et inédites* et des *Chansons nouvelles et dernières*.

Barthélemy (1796-1867), le poète provençal dont le nom est inséparable de celui de Méry (1798-1866), publia, en collaboration avec son compatriote, un grand nombre de satires politiques presque toutes antérieures à 1830. A cette année appartient l'*Insurrection*, et à l'année 1833, la *Némésis*.

Reboul, de Nîmes (1796-1864), livra au public ses premières *Poésies*, en 1836, et son *Dernier jour*, en 1840.

Le Breton Brizeux (1806-1858) débuta, en 1831, par l'idylle de *Marie;* il publia depuis les *Ternaires*, 1841, receuil lyrique refondu sous le titre de la *Fleur d'or* et les *Bretons*, 1845.

Alfred de Musset (1810-1857), talent soudain, capricieux, est l'égal de lord Byron par la verve, le rival de Lamartine et de Hugo par la forme enchanteresse : les *Contes d'Espagne et d'Italie* sont de 1830 ; les *Poésies diverses*, de 1831 ; le *Spectacle dans un fauteuil*, de 1833. Ses meilleures poésies paraissent dans la *Revue des deux mondes*, de 1833 à 1840. Son premier succès dramatique : *Un caprice*, fut représenté au Théâtre français en 1842.

Auguste Barbier, né en 1805, trouvait à vingt-six ans sa première et sa meilleure inspiration les *Iambes*, 1831 ; *Il Pianto*, 1832, et *Lazare*, 1833, ne furent pas trop indignes de cet éclatant début ; les *Chants civils et religieux;* les *Odelettes,* 1841, et les *Rimes héroïques* n'ajoutèrent rien à la gloire de Barbier.

Victor de Laprade, né en 1812, préluda à la publication de *Psyché,* 1841, par les *Parfums de la Madeleine,* 1839, et la *Colère de Jésus,* 1840 ; ses *Odes et Poèmes* sont de 1844.

L'Albertus, 1832, et la *Comédie de la mort,* 1838, de Théophile Gauthier n'annonçaient pas encore l'auteur d'*Émaux et Camées,* 1852.

Le nom de Victor Hugo rappelle le grand mouvement romantique du début du siècle. Hugo dont l'influence est comparable à celle de Voltaire, fit triompher la jeune École sur la scène et dans les livres ; il contribua même à sa victoire dans les arts. A *Hernani,* 1830, succèdent *Marion Delorme,* 1831 ; *Le roi s'amuse,* 1832 ; *Lucrèce Borgia,* 1833 ; *Ruy-Blas,* 1838 ; les *Burgraves,* 1843 ; les *Odes et Ballades* et les *Orientales* précèdent les *Feuilles d'automne,* 1831 ; les *Chants du crépuscule,* 1835 ; les *Voix intérieures,* 1837; les *Rayons et les Ombres,* 1840. La révolution de Juillet avait inspiré au poète une belle ode sur les trois journées.

Théâtre. — La plupart des noms que nous venons de citer ne durent au théâtre qu'une partie de leur gloire. Scribe (1791-1861) (la *Calomnie,* le *Verre d'eau*) conquit toute la sienne sur la scène ; il éleva presque le vaudeville au rang de la comédie. Dans un genre plus sévère, il faut indiquer Ponsard : sa tragédie de *Lucrèce,* 1843, fut le chant du cygne de l'école clas-

sique. La vieille tragédie avec ses trois unités n'ose
plus reparaître que sous le patronage de Corneille, de
Racine et de Voltaire, malgré le talent d'une incom-
parable actrice, Mlle Rachel. Toutes les œuvres à succès : *Chatterton*, 1835 ; *Antony* et *Charles VII*, 1831 ;
Angèle, 1833 ; *Caligula*, 1838 ; le *Léo Burckart* de
Gérard de Nerval, 1839 ; *Un mariage sous Louis XV*,
Judith, 1843, *Judith-Lorette*, comme dit Sainte-Beuve,
appartiennent à la nouvelle école, sans parler des comédies : *Mademoiselle de Belle-Isle*, 1840 ; les *Demoiselles de Saint-Cyr*, 1843 ; la *Ciguë* d'Émile Augier,
1844. Les représentations de l'*École des journalistes*
de Mme de Girardin, et celles du drame de *Vautrin*,
tiré par Balzac d'un de ses romans, furent interdites
par l'autorité en 1840 ; elle laissa passer, en 1847, le
drame patriotique d'Alexandre Dumas, le *Chevalier de
maison rouge*, malgré le fameux chant populaire *Mourir pour la patrie*, qui retentira aussi souvent que la
Marseillaise pendant les journées de février.

Presse. — La liberté de la presse fut une des gloires
du gouvernement de Juillet, comme la liberté de la
tribune et celle du barreau ; les lettres aussi y trouvèrent leur compte. Jules Janin dut toute sa réputation aux feuilletons des *Débats*. Le vicomte de Launay
(Mme de Girardin) trouva sa véritable vocation dans
les cinquante-sept *Lettres parisiennes* qu'il adressa
à la *Presse*. Les journaux alors fort nombreux furent
souvent rédigés avec un remarquable talent. Les *Débats* étaient favorables au gouvernement, le *Constitu-*

tionnel et la *Presse* appartenaient à l'opposition, le *National* et la *Tribune* étaient les organes du parti républicain, l'*Univers* et l'*Ami de la religion* défendaient le catholicisme. Nous avons déjà cité le *Globe* et sa pléiade d'écrivains libéraux, sous la direction de Dubois.

2° Sciences. — Le débat zoologique entre Cuvier et Geoffroy Saint-Hillaire, les auteurs de *La variété de composition des animaux* et des *Principes philosophiques de l'unité de composition* (1831); la mort de Champollion (4 mars) et de Cuvier (15 mai 1832); celle de Jacquard, en 1834; le voyage de Dumont d'Urville aux terres australes, avec les corvettes l'*Astrolabe* et la *Zélée* (1837-1840); l'invention de la photographie, par Daguerre, qui perfectionna les essais de Niepce remontant à 1814 (1839); la mort de Geoffroy Saint-Hilaire (19 juin 1844); la découverte de la planète Leverrier (juin-août 1846) : tels sont les grands événements scientifiques du règne de Louis-Philippe.

Georges Cuvier, âgé de soixante-un ans en 1830 (1769-1832), était membre de l'Institut depuis trente-quatre ans et illustre depuis le jour où sa fameuse loi de la *corrélation des formes* lui avait permis de décrire cent soixante espèces d'animaux aujourd'hui disparues. Plus tard, il avait donné à la zoologie une classification naturelle. Membre de l'Académie française, honneur qu'il justifia par un style clair, élevé et précis, de celle des sciences et de celle des inscriptions,

Georges Cuvier fut élevé à la pairie par le gouvernement de Juillet, en 1831.

Son frère, Frédéric Cuvier (1773-1838), directeur
de la ménagerie du Jardin des plantes, publia, avec
Geoffroy Saint-Hilaire, l'*Histoire naturelle des mam-
mifères*, 1818-1837, en soixante-dix volumes in-folio,
et l'*Histoire naturelle des cétacés*, 1836.

Geoffroy Saint-Hilaire (1772-1844), professeur de
géologie au Muséum et à la Faculté des sciences jusqu'en 1840, époque où il devint aveugle, contribua
autant que Cuvier au renouvellement des sciences naturelles ; il créa la théorie des analogues et fonda la
tératologie ; c'est en 1830 qu'il défendit devant l'Académie des sciences et contre Cuvier l'unité de composition organique, la variabilité des espèces, la valeur
des classifications et la théorie des causes finales. Ses
réponses furent recueillies dans les *Principes de philosophie zoologique*. En 1835, il donna encore les
Études progressives d'un naturaliste ; en 1838, des
Notions de philosophie nouvelle et des *Fragments bio-
graphiques*.

Champollion (1790-1832) de retour de son voyage
en Égypte, 1828-1829, fut admis à l'Académie des
inscriptions, 1830. L'année suivante, une chaire d'ar-
chéologie lui était confiée. La *Grammaire égyptienne*,
le *Dictionnaire hiérogliphique* et les *Lettres écrites
d'Égypte et de Nubie* ne furent publiées qu'après sa
mort. C'est de son lit d'agonie et après dix années
d'efforts infructueux, qu'il divulgua et fit écrire par

son frère le secret des hiéroglyphes. L'interprétation de cette écriture mystérieuse révéla à l'Europe une Égypte ignorée.

Jacquard (1752-1814), le célèbre mécanicien, était fils d'ouvrier : dès 1806 il avait établi son métier qu'il refusa, par patriotisme, d'installer à Manchester. La ville de Lyon compte aujourd'hui plus de trente mille métiers Jacquard ; jamais statue ne fut plus méritée que celle qui a été élevée en 1840 au digne inventeur.

En 1840 Ruolz appliqua à l'argenture et à la dorure des métaux la galvanoplastie trouvée par Spencer en 1837.

Dumont d'Urville (1790-1842), qui trouva la mort dans la catastrophe du chemin de fer de Versailles, 8 mai 1842, reçut du gouvernement de juillet la mission de conduire Charles X en Angleterre, publia son *Voyage de l'Astrolabe*, en treize volumes, in-8 ; accomplit son troisième voyage de 1837 à 1840, découvrit les terres Louis-Philippe, Joinville, Rosamel, Adélaïde, étudia les races de la Polynésie et put commencer, avant de mourir, la publication de son *Voyage au pôle sud et dans l'Océanie*. Le grand navigateur ne put jamais forcer les portes de l'Institut. La Société de géographie, plus équitable, lui décerna la médaille d'or.

Bien d'autres voyages furent exécutés de 1830 à 1848. En 1840, deux officiers français, Galinier et Ferret, envoyés par le gouvernement en Abyssinie, dressèrent une excellente carte du pays ; en 1830, le ca-

pitaine Laplace exécutait son voyage de circumnaviga-
tion ; en 1846, les frères Antoine et Arnaud d'Abbadie,
revinrent de leur exploration en Afrique parmi les
Gallas et aux sources du Nil Blanc.

Les principaux promoteurs des sciences agricoles
furent Mathieu de Dombasle (1777-1843) et de Gasparin (1783-1862).

Daguerre (1787-1851) n'était connu que comme
peintre-décorateur et comme inventeur du diorama,
quand il réussit à fixer l'image des objets sur des pla-
ques métalliques par l'action de la lumière. Il était,
depuis 1829, associé par un traité à *Niepce*, qui mourut en 1833, sans assister au succès de son invention.
La photographie était découverte, les perfectionne-
ments qu'elle a reçus n'ont rien enlevé à la gloire de
ses inventeurs, ni à celle de Porta, de Wedgwood, de
Humphry Davy qui avaient essayé de produire des
images à l'aide de la lumière et de la chambre obscure,
mais sans parvenir à les fixer. C'est en 1847 que
Blanquart Evrard trouva la photographie sur papier.

En 1846, l'astronome Leverrier, en cherchant les
raisons des perturbations de la planète Uranus, découvrit par le calcul l'existence et la position d'une
nouvelle planète soupçonnée déjà par Lalande. Le
23 septembre la planète annoncée, le Neptume, fut
vue à Berlin par l'astronome Galle.

Quelques jours après la communication de ce grand
événement scientifique à l'Académie des sciences, la
même assemblée apprenait (5 octobre) la découverte

du fulmi-coton ou coton poudre par un chimiste de
Bâle, Schœnbein.

Dans les sciences physiques et chimiques bien d'autres découvertes appartiennent à la France : Becquerel
affirma que la transmission de la chaleur est toujours
accompagnée d'un développement d'électricité et dé-
termina la manière dont la chaleur se répartit entre
deux corps en frottement. Fourier essaya de calculer
combien il a fallu de temps pour que le globe parvint
de l'état d'incandescence, à sa solidité actuelle, en
admettant l'hypothèse du feu central. Chevreul démontra qu'il existait une relation simple entre les éléments des combinaisons organiques. Boussingault en-
richit de travaux importants la chimie appliquée à
l'agriculture. Dumas et Payen étudièrent les opérations
mystérieuses qui s'accomplissent sous l'influence de
la vie. Thenard rendit d'immenses services à l'enseignement de la chimie. Balard trouva le moyen d'ex-
traire directement de l'eau de mer le sulfate de soude.
Flourens étudia le système nerveux de l'homme. Ba-
binet perfectionna la machine pneumatique. Vicat se
fit une réputation européenne par ses travaux sur les
chaux et ciments. Biot et Gay-Lussac furent des phy-
siciens éminents.

Deux grands chirurgiens moururent au début du
règne de Louis-Philippe : Boyer (1757-1833) qui publia sur les leçons de Desault, son maître, un traité
complet de chirurgie et fut un remarquable anato-
miste; et Dupuitrem (1775-1835) qui trouva plusieurs

méthodes de nouvelles opérations. L'impulsion qu'ils imprimèrent aux sciences médicales fut continuée par Andral, Broussais, Velpeau, Lisfranc, Magendie. Raspail publia, en 1843, son *Histoire naturelle de la santé et de la maladie*, livre très remarquable, sorte de *contrat social* de la physiologie et de la thérapeutique ; il y attribue un grand rôle aux animaux parasites dans la formation des maladies.

3° BEAUX-ARTS. *Musique*. — La Restauration avait diminué le budget et changé le nom du *Conservatoire*, transformé en *École royale de musique*. Le gouvernement de 1830 conserva Chérubini comme directeur jusqu'en 1842, époque de la nomination d'Auber. C'est Cherubini qui forma la *Société des concerts*, 1828. Sous l'administration d'Auber, on institua une quatrième classe de déclamation dramatique et une classe d'histoire et de littérature au point de vue de l'art et du théâtre.

L'*Opéra* fut abandonné en 1831 à une entreprise particulière et on renonça à l'usage de faire à vue les changements de décoration dans une même pièce.

L'*Opéra-Comique* qui ne fut longtemps qu'un perfectionnement du Théâtre de la Foire, prend à cette époque une grande importance musicale ; il quitte en 1840 le théâtre de la Place de la Bourse pour revenir à l'ancienne salle Favart qu'il occupe encore.

En 1830, Fétis publia ses *Curiosités historiques de la musique*; deux ans après, Mme Fétis traduisait l'*Histoire de la musique* de l'anglais Cooke Stafford, 1852. Adrien de Lafage donna en 1844, une *Histoire de la musique* en français. Des méthodes de violon, de piano, d'harmonie, de cor, furent rédigées par Rode, Adam, Catel, Dauprat. Pendant que le Conservatoire formait d'illustres élèves : Nourrit père, Ponchard, Mesdames Branchu et Damoreau-Cinti, la révolution opérée dans la musique dramatique par Rossini portait ses fruits en France ; nos musiciens s'appropriaient les découvertes et les procédés du grand compositeur italien. Boïeldieu, Hérold (*Zampa*, 1831 ; le *Pré aux clercs*, 1832), Auber, Adolphe Adam, Halévy, Carafa se plaçaient à la tête de l'École française, et depuis 1830, la scène était occupée par Ambroise Thomas, Maillart, Félicien David, Bazin, etc. A la fin du règne de Louis-Philippe, la section de musique à l'Académie des beaux-arts comprenait six membres : Auber (la *Muette de Portici*), Halévy (la *Juive* et la *Reine de Chypre*), Carafa (*Masaniello*), Spontini (la *Vestale* et *Fernand Cortez*), Adam (le *Chalet* et le *Postillon de Longjumeau*), et Onslow (*Musique instrumentale*) ; elle comptait parmi ses associés étrangers : Rossini (le *Comte Ory* et *Guillaume Tell*) et Meyerbeer (*Robert-le-Diable* et les *Huguenots*). Ces noms et ces œuvres disent assez que cette période fut une des plus brillantes dans l'histoire de l'art musical.

D'autres compositeurs, sans être d'origine française, remportèrent sur des scènes françaises leurs plus grands succès : Donizetti fit représenter, en 1840, la

Favorite et la *Fille du régiment;* Bellini, la *Somnam-bule* et *Norma,* 1831 ; Verdi vint également demander à la France la consécration de sa renommée. Si l'on songe que ces compositeurs trouvaient pour inter-prêter leur pensée, des Rubini, des Lablache, des Tamburini, des Pasta, des Malibran, des Grisi, on es-timera que cette époque fut l'âge d'or de la musique.

Sculpture. — L'avènement du gouvernement de Juillet coïncide avec une révolution dans l'art qui rappelle la protestation de l'école romantique. La scul-pture, elle aussi, s'élève contre l'antique ; elle pros-crit l'expression de l'idée moderne par des composi-tions et des figures de convention. David d'Angers se mit à la tête de la nouvelle école et chercha à donner le type de l'art nouveau dans le fronton de Sainte-Geneviève (Panthéon). La tentative ne fut pas très heureuse, et les successeurs de David d'Angers : Le-maire, Duret, Dumont, Pradier (les *Trois grâces, Phryné, Phidias, Prométhée),* Cortot, Etex, Barye, Foyatier, Petitot, Dantan, Seurre, Clésinger, Debay (*Ève et ses deux enfants*), Cavelier, Rude, qui sculpta le bas-relief de *la Marseillaise* de l'Arc-de-l'Étoile, poursuivirent la recherche du beau et du vrai indé-pendamment de tout système.

Architecture. — L'architecture, comme la sculpture, s'était bornée sous l'Empire et la Restauration à co-pier l'antiquité. Sous le gouvernement de Louis-Phi lippe, sans répudier aucun style, on se contenta d'é viter les copies serviles et de restaurer avec goût.

La Colonne de Juillet, le Palais des Beaux-Arts (Duban), la fontaine de la place Louvois (Visconti), l'église Saint-Vincent-de-Paul (Hittorf) et Notre-Dame-de-Lorette (Lebas) sont les principaux monuments de cette époque. Lassus et Viollet-le-Duc restaurèrent la Sainte-Chapelle et Notre-Dame ; Duban, le château de Blois.

Alexandre de Laborde publia de 1818 à 1838 ses *Monuments de la France classés chronologiquement*, et Abel Hugo, sa *France historique et monumentale*, 1837-1838. Guizot, ministre de l'intérieur, avait nommé Vitet, le délicat critique d'art, inspecteur général des monuments historiques.

Peinture. — Ici encore nous retrouvons la grande querelle des classiques et des romantiques. Delaroche, 1797-1856 (*Enfants d'Édouard, Mazarin mourant, Assassinat du duc de Guise*) ; Marilhat, 1811-1847 (*Vue de Balbek, Soleil couchant sur les grands pins de la villa Borghèse*) ; Horace Vernet, 1789-1863, le peintre favori de la monarchie de Juillet ; Eugène Delacroix, 1799-1864 (*Orphée, Attila, Entrée des Croisés à Constantinople*) ; Decamps, 1803-1860 (*Café turc, Halte de cavaliers arabes, La défaite des Cimbres*) ; Ary Scheffer, 1785-1858 (*Francesca de Rimini, Mignon, Saint-Augustin et Sainte-Monique*) ; Flandrin, Meissonnier sont les chefs de l'École romantique, essentiellement coloriste ; Ingres, 1781-1867, élève de David et surtout de Raphaël est à la tête d'une école plus sévère qui recherche avant tout la pureté dans le dessin

(*Martyre de saint Symphorien, Stratonice, portraits de Bertin, de Molé*). Mais il ne faudrait pas trop insister sur cette classification, qui a quelque chose de factice : ainsi Delaroche n'appartient précisément à aucune des deux écoles. Depuis 1830, le nombre des peintres de talent s'est multiplié dans notre pays, l'unité a manqué de plus en plus à la peinture française et les opinions y sont aujourd'hui plus divisées que jamais

FIN.

TABLE DES MATIÈRES

COULOMMIERS. — Imprimerie PAUL BRODARD.